DIE LIEBE
DER PFERDE

VONEINANDER LERNEN, FÜREINANDER DA SEIN

(Foto: Shutterstock.com/makieni)

Nanda van Gestel-van der Schel

DIE LIEBE DER PFERDE

VONEINANDER LERNEN, FÜREINANDER DA SEIN

Aus dem Niederländischen von
Dorothee Dahl und Stéphanie Kniest

Titel der Originalausgabe:
Het pad van de leidende merrie
Go with the flow

Die Liebe der Pferde
Voneinander lernen, füreinander da sein

aus dem Niederländischen von
Stéphanie Kniest und Dorothee Dahl

Haftungsausschluss
Der Autor, der Verlag und alle anderen an diesem
Buch direkt oder indirekt beteiligten Personen lehnen für
Unfälle oder Schäden jeder Art, die aus in diesem Buch
dargestellten Übungen entstehen können, jegliche Haftung ab.
In diesem Buch sind einige Reiter abgebildet, die ohne
splittersicheren Kopfschutz reiten. Dies ist nicht zur Nach-
ahmung zu empfehlen! Achten Sie immer auf die entsprechen-
de Sicherheitsausrüstung für sich selbst: feste Schuhe und
Handschuhe bei der Bodenarbeit, sowie Reithelm, Reitstiefel/-
schuhe, Reithandschuhe und gegebenenfalls Sicherheitsweste
beim Reiten.

IMPRESSUM

Copyright © 2016 by Cadmos Verlag, Schwarzenbek

Gestaltung und Satz: Pinkhouse Design, Wien
Titelgestaltung: www.ravenstein2.de
Titelfoto: Christiane Slawik
Fotos im Innenteil: Hans van Gestel*, Stéphanie Kniest,
Christiane Slawik, Amanda Melchior*, Fotolia.com,
Shutterstock.com
Übersetzung: Dorothee Dahl, Stéphanie Kniest
Lektorat: Stéphanie Kniest

Druck: Graspo CZ, a.s., Tschechische Republik,
www.graspo.com

Deutsche Nationalbibliothek – CIP-Einheitsaufnahme
Die Deutsche Nationalbibliothek verzeichnet diese
Publikation in der Deutschen Nationalbibliografie;
detaillierte bibliografische Daten sind im Internet
über http://dnb.ddb.de abrufbar.

Printed in Czech Republic

ISBN: 978-3-8404-1066-6

* *Nur die Bilder dieser Fotografen zeigen*
  Nanda van Gestel-van der Schel und ihre Pferde

INHALT

09 .... *Der Sturz und was vorher passierte*
11 .... Auf dem Boden der Tatsachen
15 .... Der Traum vom eigenen Pferd
19 .... Abschied und Neubeginn
25 .... Probleme mit Fleur
31 .... Ein verlockendes Angebot

35 .... *Go with the flow*
37 .... Das erste Treffen mit Fleur
41 .... Keine Verbesserung in Sicht
45 .... Sorge um Eden
51 .... Dem Lebensfluss folgen
55 .... Lebensenergie
61 .... Auf Leben und Tod

67 .... *Für Herzkontakt kämpfen*
69 .... Eine harte Einsicht
73 .... Jetzt erst recht
77 .... Flow und Ellen
81 .... Ein endloser Kampf
85 .... Flows Verschwinden
91 .... Neue Wege einschlagen
95 .... Der Rückschlag

(Foto: Hans van Gestel)

101 .... *Das Verlangen nach*
            Seelenverbundenheit

103 .... Die Herzverbindung

107 .... Flows Chakren

111 .... Eine neue Aufgabe für Flow

115 .... Eifersucht, Zweifel und falsche Erwartungen

123 .... Seelenpfade

127 .... Freiheit auf höchstem Niveau

131 .... *Der Kreis ist rund*

133 .... Alles ist miteinander verbunden

141 .... Die Aufgaben meiner Pferde

145 .... Das Versprechen an Ellen

147 .... Mein Weg zur klassischen Reitkunst

153 .... Der Strom des Lebens

(Foto: Shutterstock.com/mariait)

(Foto: Shutterstock.com/Dagmar Hijmans)

AUF DEM BODEN DER TATSACHEN

Das Erste, was ich spürte, war ein warmer Atemhauch, der meine Nase und mein Gesicht streifte. Ich hörte ein zartes Atemgeräusch, aber ich sah nichts. Alles war stockdunkel. Ich fühlte Haare in meinem Gesicht kribbeln, aber es war mir noch nicht bewusst, dass es ein Pferd war, das sich über mich beugte und versuchte, mir wieder Leben einzuhauchen. Kurz darauf spürte ich eine samtweiche Pferdenase, die meinen Kopf und meine Schulter anstupste. *Aufstehen, Nanda, wach auf,* hörte ich eine Stimme in meinem Kopf flüstern. Ich tastete im Dunkeln um mich und suchte festen Boden. Die rauen Heidepflanzen kribbelten an meinen Händen, aber ich erkannte das Gefühl nicht. Ich schob meine Reitkappe zurück, die sich durch den Aufprall über meine Augen geschoben hatte, und konnte wieder etwas sehen. Vorsichtig setzte ich mich auf und schaute mich um. Ein Nebel aus grünen Bäumen, lila blühender Heide und blauem Himmel drehte sich um mich, als würde ich inmitten eines farbigen Wirbelsturms sitzen. Ich löste den Kinnriemen meiner Kappe und setzte sie ab. In diesem Moment wusste ich noch nicht, dass diese Kopfbedeckung gerade mein Leben gerettet hatte.

Der wirre Sturm legte sich langsam, sodass ich meine Umgebung wieder einigermaßen sortieren konnte – die Heide, auf der ich saß, die Bäume, die mich umgaben, und den blauen Himmel über mir. Jetzt sah ich auch das weiße Pferd, das seinen Atem in mein Gesicht geblasen und mich wach geschüttelt hatte. Ich schaute direkt in seine dunklen Augen, die mich vertraut, aber auch erschreckt anstarrten. Mein Blick folgte den Zügeln, die am Gebiss befestigt waren, nach oben. Die Zügel lagen über dem Arm eines jungen Mädchens mit blonden Locken und großen blauen Augen, die noch ein bisschen ängstlicher dreinschauten als die des weißen Pferdes.

„Sie ist wieder bei Bewusstsein!", rief das Mädchen erleichtert, als sie bemerkte, dass ich meine Kappe abgesetzt hatte. Ich sah, dass zwei weitere junge Mädchen bei uns standen, jede mit einem Pony. „Wo bin ich?", fragte ich das Mädchen mit den blonden Locken, als meine Stimme wiederkam. Normalerweise wusste ich, dass sie Astrid heißt. „Du bist hier in dem Heidegebiet in der Nähe deines Wohnortes, Nanda", antwortete Astrid und klang dabei sehr besorgt. „Ist das auf der Erde?", fragte ich allen Ernstes. Ich sah den Schrecken in Astrids Augen wieder aufflackern. „Ja, Nanda, das ist auf der Erde", sagte sie in aller Deutlichkeit. „Gott sei Dank", seufzte ich. „Das ist gut." „Wir reiten hier öfter", erklärte sie, „aber du bist gerade vom Pferd gefallen." „Habe ich ein Pferd?", fragte ich erstaunt. Ich sah, wie sich die Mädchen beunruhigt anschauten. „Ja, Nanda", setzte Astrid ihre Erklärungen energisch fort, als müsse sie ein kleines Kind beruhigen, „du hast drei Pferde: Eden, Hazel und Flow." „Ist das mein Pferd?", fragte ich und zeigte auf das kleine weiße Pferdchen, das so erkennbar auf mich aufpasste. Ich hatte das Gefühl, dass es mich gerettet hatte; es hatte mich aus der dunklen, bewusstlosen Welt zurückgeholt. „Das ist Hazel", antwortete Astrid, „sie gehört tatsächlich dir, aber ich durfte heute auf ihr reiten. Hazel hat dich nicht abgeworfen, so etwas würde sie nie tun." „Nein", sagte ich bestätigend, „dieses Pferd ist sehr lieb." „Ja, Hazel ist ganz bestimmt sehr lieb", sagte Astrid. „Eden ist auch ein sehr braves Pferd, aber sie ist heute zu Hause geblieben. Flow ist das Pferd, das dich abgeworfen hat. Schau, da steht sie." Sie zeigte in die Richtung einer wunderschönen Fuchsstute. Sie stand ein Stückchen entfernt und graste, als ob nichts passiert wäre. Als Flow spürte, dass alle Augen auf sie gerichtet waren, blickte sie eigensinnig zurück, um kurz darauf weiterzufressen. „Dieses Pferd ist nicht lieb, ich möchte es nicht mehr haben", sagte ich.

Plötzlich kam mir noch ein anderer Gedanke. „Habe ich Kinder?", fragte ich beunruhigt. Astrid bestätigte mir, dass ich vier Kinder hatte. „Oh", sagte ich schuldbewusst, „dann habe ich einen großen Fehler gemacht." Langsam, aber sicher begriff ich, dass ich knapp dem Tod entronnen war. Ich war jetzt auf der Heide und Gott sei Dank war das auf der Erde, aber ich war so weit weg gewesen, dass ich genauso gut an einem ganz anderen Ort hätte aufwachen können.

Die Mädchen verständigten sich mit Blicken untereinander und Astrid ergriff wieder das Wort: „Du hast keinen Fehler gemacht, Nanda", sagte sie voller Vertrauen. „Du kannst sehr gut reiten und du hast Flow gerade erst bekommen. Sie hieß eigentlich Fleur und ist das Fohlen deines ersten Pferdes, Natasha. Bei ihren vorigen Besitzern hat sie jeden hinuntergeworfen, und deshalb ist sie zu dir gekommen, damit du sie korrigieren kannst. Du kannst Pferde, mit denen niemand mehr etwas anfangen kann, wieder hinkriegen. Das hast du mit Eden geschafft, und jetzt arbeitest du mit Flow." „Oh", sagte ich ergeben. Ich hörte, was Astrid mir erzählte, aber sie hätte mir genauso gut erzählen können, ich sei Pianistin oder Chefköchin. Ich hatte nicht die leiseste Erinnerung daran, wer ich war oder was ich tat.

„Da sind sie!", rief eines der anderen Mädchen plötzlich erleichtert. Ein Mann und eine Frau kamen aus der Ferne angelaufen. Sie hatten das Auto, mit dem sie gekommen waren, auf dem Waldweg geparkt. Der Mann kam direkt auf mich zu gerannt. Es fühlte sich genauso vertraut an wie bei dem weißen Pferd. Das war auch nicht verwunderlich, denn es war Hans, mit dem ich seit fünfundzwanzig Jahren verheiratet bin. Er war mit der Mutter eines der Pferdemädchen gekommen, die sie auch zu Hilfe geholt hatten. Die Mädchen erzählten, was passiert war. „Sie war mindestens zehn Minuten bewusstlos", hörte ich eines der Mädchen sagen. „Sie erinnert sich an nichts mehr", sagte das andere Mädchen. Ich ließ mich zum Auto begleiten und nach Hause bringen. Die Mädchen sorgten dafür, dass auch Hazel und Flow wieder nach Hause kamen. Sie sattelten sie ordentlich ab und brachten sie zu Eden auf die Weide. Ich habe nichts davon mitbekommen.

Zu Hause angekommen half Hans mir, mich auf das Sofa zu legen. Ich hatte starke Kopfschmerzen und mein Hinterteil tat mir fürchterlich weh. Später stellte sich heraus, dass ich eine schwere Gehirnerschütterung und ein gebrochenes Steißbein hatte. Hans schlug noch vor, den Hausarzt anzurufen, aber ich wollte vorläufig nichts davon wissen. Ich wollte erst wieder zu mir kommen und mich an das erinnern, was an diesem Tag passiert war. Sicher in meinem eigenen Haus, mit meinen Lieben um mich herum, kamen die Erinnerungen schnell wieder. Ich war Nanda van der Schel. Verheiratet mit Hans van Gestel und Mutter von vier Söhnen. Und ich war absolut pferdeverrückt.

(Foto: Shutterstock.com/defotoberg)

DER TRAUM VOM EIGENEN PFERD

Meine Liebe für Pferde hatte ich entdeckt, als mein Opa mich als kleines Mädchen mit auf die Trabrennbahn nahm. Ich muss vier oder fünf Jahre alt gewesen sein, als der erste Funke zwischen den Pferden und mir übersprang. Einige Zeit später waren wir in Ferien und begegneten einer freundlichen Dame auf ihrem Pferd. „Darf ich Ihr Pferd streicheln?", hatte ich sie begierig gefragt, während ich begeistert auf das große Tier zulief. Die Dame hat mich das Pferd nicht nur streicheln lassen, sondern war abgestiegen und hatte mich in den Sattel gehoben. Ich weiß noch ganz genau, dass es ein braun-weißes Pferd war. In dem Moment, als ich zum ersten Mal auf den viel zu großen Sattel gesetzt wurde, war etwas mit mir passiert. Es fühlte sich an wie das Erwachen einer jahrhundertealten Erinnerung, die ich irgendwo ganz tief in mir getragen hatte. Es war wie nach Hause zu kommen.

Von dem Moment an dachte ich nur noch an Pferde. Ich träumte von ihnen und stellte mir in meiner Fantasie vor, dass eines Tages ein Pferd einfach so in mein Leben kommen würde. In der Zwischenzeit durfte ich an jedem Montagnachmittag nach der Schule Reitunterricht im nahe gelegenen Reitstall nehmen. Merkwürdigerweise brachte mir der Reitunterricht nicht die Zufriedenheit, die ich mir wünschte. Ich lernte die Grundzüge des Reitens, konnte die Reitstunden aber nie wirklich genießen. Die Reitlehrerin war ziemlich resolut und sie wiederholte ständig die Kommandos „Gerade sitzen!" und „Absätze tief!". Ab und zu brüllte sie auch: „Tick ihn mal mit der Peitsche an!", woraufhin sie einen Moment später rief: „So tust du nicht mal einer Fliege was zuleide!", womit sie natürlich mich meinte.

Als ich etwas älter war, fand ich einen Bauern, der sich mit der Vermietung von Ponys etwas dazuverdiente. Diese Ponys waren nicht wirklich das Sinnbild für Glück und Wohlbefinden. Sie mussten viel arbeiten, standen den Rest des Tages in Ständern und kamen selten auf die Weide. Für wenig Geld durfte man die Ponys eine Stunde lang mit nach draußen nehmen. Mein Taschengeld reichte damals für einmal in der Woche, und so suchte ich jeden Samstag ein Pony aus, von dem ich dachte, es könnte etwas Abwechslung gut gebrauchen. Ich ritt dann mit dem Pony so weit, dass man uns vom Bauernhof aus nicht mehr sehen konnte, und ließ es den Rest der Stunde grasen, während ich es streichelte und ihm Mut zusprach.

Einige Zeit später bekam ich verschiedene Pflegeponys, mit denen ich mehr Zeit verbringen konnte. Ich fuhr mit dem Fahrrad zu allen Bauernhöfen in der Gegend und fragte, ob sie ein Pony hätten, auf dem ich reiten könnte. Die Tiere, die mir angeboten wurden, waren meistens nicht eingeritten oder völlig unerfahren. Ich ließ mich davon nicht besonders beeindrucken und hatte deshalb jede Menge Ponys und Pferde, auf denen ich reiten konnte. Es war nicht immer leicht, aber ich sammelte viel Erfahrung. Einen richtigen Sattel hatte ich nicht, aber von meinem Geburtstagsgeld hatte ich mir ein einfaches Sattelkissen gekauft – eine dicke Lage Filz mit Leder obendrauf und mit Steigbügeln (in die man sich auf keinen Fall stellen durfte, wenn man nicht sofort unter dem Pony hängen wollte). Manchmal hatte ich auch eine Trense zur Verfügung, meistens aber nicht. Ein Halfter mit zwei Anbindeseilen tat es aber auch gut. Rückblickend waren diese Dinge so etwas wie Vorboten für die Bareback Pads, Sättel ohne Baum, und die Hackamore-Zäumungen, die ich erst sehr viel später entdecken würde.

Inzwischen träumte ich immer noch von einem eigenen Pferd. Und tatsächlich verwirklichte sich dieser Traum eines Tages, als ich gerade sechzehn Jahre alt geworden war. Natasha, eine sehr liebe Fuchsstute, war mein allererstes eigenes Pferd. Sie gehörte Mr Smith, einem englischen Pferdeprofi, der in unsere Straße gezogen war. Ich hatte schnell entdeckt, dass dieser Brite, der immer Jodpurstiefel und eine grüne Steppjacke trug, etwas mit Pferden zu tun haben musste. Genauso wie ich alle Bauern in der Gegend gefragt hatte, ob sie ein Pflegepferd für mich hätten, trug ich ihm dieselbe Bitte in meinem besten Schulenglisch vor. Mr Smith selbst konnte wegen seines hohen Alters und einer Kriegsverletzung an der Hüfte nicht mehr reiten. Deshalb kam meine

Frage genau zum richtigen Zeitpunkt. Ich durfte auf Natasha reiten und Mr Smith genoss sichtlich meine jugendliche Begeisterung. Er hatte sein ganzes Leben einen reichen Schatz an Pferdewissen aufgebaut und ich wollte alles über Pferde lernen. Auf diese Weise entstand ein Austausch, der die Kluft zwischen den Generationen mühelos überbrückte. Als Mr Smith wieder nach England umziehen musste, schenkte er mir Natasha ganz offiziell. „Ich bin froh, dass ich ein Pferd mit seinem Menschen vereinen kann", sagte er dazu und erfüllte mir damit meinen lang gehegten Traum.

Natasha konnte zu diesem Zeitpunkt nicht mehr auf Turnieren geritten werden, weil sie Hufrehe gehabt hatte. Anfangs hatte ich das sehr schade gefunden, weil ich es so genossen hatte, mit ihr zu springen, Dressur zu reiten und auf Turnieren zu zeigen, was wir konnten. Mr Smith erinnerte mich aber immer wieder daran, dass Leistung nicht das Wichtigste in der Beziehung mit dem Pferd ist. „Reite vor allem, um Spaß zu haben", war sein Motto, das mich in meinem eigenen Gefühl bestärkte und schließlich auch meine Einstellung geworden ist. Natasha war meine Herzensfreundin und mein Kumpel. Man konnte sie noch gut freizeitmäßig reiten. Natürlich war es wichtig, sie nicht zu überfordern und gut darauf zu achten, dass sie nicht wieder Schmerzen bekam. Rückblickend habe ich dadurch gelernt, Pferden zuzuhören, statt ihnen meinen Willen aufzuzwingen.

Während des Reitens gab ich Natasha so viel Freiheit wie möglich. Als ich sie von Mr Smith bekam, durfte ich auch den hochwertigen Vielseitigkeitssattel behalten, mit dem ich sie immer geritten hatte. Obwohl ich einen richtigen Sattel und eine Trense zur Verfügung hatte, ritt ich immer noch gern ohne Sattel und träumte davon, ganz ohne Sattel und Zaumzeug reiten zu können.

Nach unserer Hochzeit und der Geburt unseres ersten Sohnes zogen wir um. Ich hatte einen Stall am Haus, aber die Weide lag auf der anderen Seite des Dorfes. Wenn ich Natasha dorthin brachte oder abholte, setzte ich mich gern ohne Sattel auf ihren Rücken, so wie ich es früher immer getan hatte. Während des Reitens hatte ich lockere Zügel, sah aber keine andere Möglichkeit, als diese kurz aufzunehmen, wenn ich anhalten wollte.

(Foto: Fotolia.com/Alexia Kascheva)

ABSCHIED UND NEUBEGINN

Als Natasha zwanzig Jahre alt war, musste ich eine schwere Entscheidung treffen. Der Weg unserer Familie führte uns zu diesem Zeitpunkt nach Amerika, wo mein Mann eine Stelle angeboten bekommen hatte. Ich wollte nichts lieber als diesen großen Schritt zu gehen, aber ich hatte Bedenken, ob ich Natasha diese lange Reise in ihrem Alter zumuten konnte. Genau zu dieser Zeit lernte ich Marijke kennen, eine nette Frau, die im gleichen Dorf wohnte wie wir. Sie träumte auch von einem eigenen Pferd und hoffte, diesem Pferd eines Tages zu begegnen. Es schien, als sei diese Begegnung vorbestimmt gewesen, was es für mich aber trotzdem nicht leichter machte. Ich wollte das tun, was für Natasha das Beste war, auch wenn das für mich weniger angenehm sein würde. Es gab einen Moment, in dem ich Natasha in Gedanken fragte, was sie am liebsten wollte. Ich erwartete nicht wirklich eine Antwort und war deshalb umso erstaunter, als sie mir trotzdem antwortete.

Liebe Nanda, hörte ich laut und deutlich in meinem Kopf, *das Universum ist vollkommen. Alles ist miteinander verbunden, und wenn du dir, so wie wir Pferde es auch sind, dieser Verbundenheit bewusst bist, dann weißt du auch, dass alles gut ist, so wie es ist. Ich habe dir alles gezeigt, was ich dir beibringen konnte, und unsere Wege trennen sich hier. Wenn du mich an Marijke abgibst, kann ich auch ihr zeigen, was ich dir gezeigt habe. Dadurch würde mein Leben doppelt so wertvoll werden. Am anderen Ende der Welt wartet eine weiße Araberstute schon sehnsüchtig auf dich. Sie braucht dich sehr und wird auch deine neue Lehrmeisterin sein. Wenn du mich wirklich liebst, kannst du es beweisen, indem du mich loslässt, denn mein Leben geht hier weiter, so wie dein Leben dort weitergehen wird. Du wirst mich nicht verlieren, aber dadurch, dass du mich loslässt, werde ich dir näher sein, als ich es jemals war.*

Ich wusste in diesem Moment, was ich zu tun hatte, und übergab Natasha schweren Herzens an Marijke.

Die weiße Araberstute, die in Amerika auf mich wartete, war Eden. Wir begegneten uns bald nach meinem Umzug. Dieses Pferd war eine fantastische neue Lehrmeisterin für mich. Die äußerst sensible und sehr ängstliche Stute hatte das Vertrauen zu Menschen verloren. Man konnte sich ihr kaum nähern, geschweige denn sie anfassen. Ich hatte gehofft, in Amerika alles über *Natural Horsemanship* zu lernen, und genau das konnte Eden mir beibringen. Die Stute ließ sich in keinster Weise zwingen oder begrenzen, schenkte mir aber alles, was sie in Freiheit zu geben hatte. Konventionelle Trainingsmethoden funktionierten bei Eden nicht, und so musste ich alles, was ich je gelernt hatte, überarbeiten. Den Prozess, den ich mit Eden durchmachte, habe ich in meinem Buch *Die Seelenkraft der Pferde* beschrieben. Ich erzähle darin, wie ich Eden half, die Wunden ihrer Vergangenheit zu heilen und wie sie zum Spiegel für mein eigenes Leben wurde.

Natasha hatte ihr Versprechen, dass ich sie nie verlieren würde, doppelt und dreifach eingelöst. Als ich in Amerika lebte, besuchte sie mich regelmäßig in meinen Träumen. Darin unterstützte sie mich nicht nur mit Tipps für den Umgang mit Eden, sondern hinterließ auch Nachrichten für Marijke. Durch diese Erlebnisse nahm ich die Verbundenheit, von der sie mir erzählt hatte, immer bewusster wahr.

Eines Tages dachte Marijke darüber nach, Natasha decken zu lassen. Sie hatte es mir zwar noch nicht erzählt, aber ich hatte schon davon geträumt. *Marijke möchte gern, dass ich ein Fohlen bekomme,* erzählte mir Natasha in diesem Traum. *Kannst du ihr sagen, dass sie ihr Gefühl nicht trügt? Es gibt tatsächlich ein Fohlen, das durch mich bei ihr geboren werden wird. Marijke hat eine Verbindung mit dem Fohlen, die noch aus einem früheren Leben stammt. Es ist eine meiner Aufgaben, dieses Fohlen wieder mit Marijke zusammenzubringen. Für mich wäre es außerdem gut, das Muttersein noch zu erleben.*

Ich versprach ihr die Nachricht an Marijke weiterzugeben. Gleichzeitig machte es mich ziemlich traurig und ein bisschen eifersüchtig, dass Marijke zusammen mit Natasha die Trächtigkeit und Geburt erleben durfte. Natürlich gönnte ich es Marijke von Herzen, aber ich hätte es selbst auch gewollt. Natasha spürte auch ohne Worte, was mich bewegte.

Hör zu, Nanda, hatte sie gesagt, *so wie Marijke eine Seelenverbindung mit dem ungeborenen Fohlen hat, so sind auch unsere Seelen miteinander verbunden. Ich habe nicht mehr so lange zu leben. Einige Zeit nach der Geburt meines Fohlens werde ich sterben. Durch Eden werde ich danach wiedergeboren und komme so zu dir zurück. Alles ist miteinander verbunden, Nanda. Es gibt keinen Grund zur Trauer und schon gar nicht für Neid, denn das Universum ist vollkommen.*

Marijke ließ Natasha decken und ein Jahr später wurde Fleur, eine wunderschöne Fuchsstute, geboren. Marijke machte dies sehr glücklich. Sie verschickte sogar Geburtsanzeigen. Ich fand es schade, dass ich zu weit weg wohnte, um bei Marijke und dem Fohlen vorbeischauen zu können. Marijke schickte mir aber ein Video, sodass meine Sehnsucht ein wenig befriedigt wurde. Natasha hat noch etwa ein Jahr lang ihr Fohlen genießen können, bevor sie starb. Nach ihrem Tod schien sie mir näher als je zuvor und gleichzeitig wurde mein Wunsch immer größer, sie auch physisch wieder in meinem Leben spüren zu können.

Mit Eden war ich im Lauf der Jahre so weit gekommen, dass ich sie sogar ohne Sattel und Zaumzeug reiten konnte. Die Geburt eines Fohlens würde eine schöne Krönung dieses Prozesses sein. Im kommenden Frühling sagte Natasha mir in einem Traum, dass die Zeit nun sowohl für sie als auch für Eden gekommen sei. Ich ließ Eden decken und genoss es sehr, dass ich nun an der Reihe war, die Trächtigkeit und Geburt aus nächster Nähe zu erleben. Obwohl Eden physisch trächtig war, fühlte ich mich in meiner Verbundenheit mit der ungeborenen Seele auch ein bisschen schwanger.

Als nach fast einem Jahr Edens Stutfohlen geboren wurde, kam ich im richtigen Moment in den Stall, um es in meine Arme schließen zu können. Ich nannte das Fohlen Hazel, weil es bei seiner Geburt so eine schöne haselnussbraune Farbe hatte. Es dauerte nicht lange und Hazel wurde genauso weiß wie ihre Mutter. Sie glich Eden äußerlich sehr, erinnerte mich in vielerlei Hinsicht aber auch an Natasha.

Marijke hatte Natasha nach ihrem Tod sehr vermisst. Ich war deshalb froh, dass sie Fleur noch hatte und nicht allein zurückblieb. Es war stimmig so; Natasha war wieder zu mir zurückgekommen, weil ich sie in Liebe losgelassen hatte, damit sie Marijke wieder mit ihrem Seelenpferd zusammenbringen konnte. Natasha hatte in Marijkes Leben viel in Bewegung gebracht. Außer Fleur kam noch ein Pony für die Kinder und ein großes Pferd für ihren Mann Karel zur Familie. Weil der Platz an ihrem Haus für drei Pferde nicht ausreichte, waren sie an einen Ort gezogen, an dem es eine große Wiese, Ställe und einen Reitplatz gab.

Mit der Zeit bekam ich immer mehr Anfragen von Menschen, die mich baten, ihnen mit ihren Pferden zu helfen. So konnte ich das, was ich von Eden gelernt hatte, nun für andere Menschen und Pferde nutzen. Hazel wuchs und gedieh und es machte mir viel Spaß, ihr schon in ihrem jungen Alter alles Mögliche beizubringen.

Viele Trainer in Amerika sind der Meinung, dass ein Pferd in den ersten Lebensjahren überhaupt nicht in der Hand eines Trainers sein sollte. Sie halten es für besser, junge Pferde einfach in einer Herde laufen zu lassen, bis sie ausgewachsen sind und eingeritten werden können. Ich verstehe gut, warum sie so denken. Fohlen sind nämlich sehr süß und es kommt immer wieder vor, dass Menschen dadurch geneigt sind, sie zu verwöhnen und ihnen keine Grenzen zu setzen. Oft wird dabei vergessen, dass ein Verhalten, das bei einem Fohlen niedlich ist, bei einem ausgewachsenen Pferd lebensgefährlich sein kann. Die Basis von Natural Horsemanship sind Vertrauen und Respekt. Damit die Beziehung mit dem Pferd gelingt, braucht man von beidem gleich viel. Fohlen, die von Anfang an oft unter Menschen sind, entwickeln relativ viel Vertrauen. Das ist eigentlich positiv zu sehen, solange man darauf achtet, dass sich die Entwicklung des Respekts damit die Waage hält.

Marijke war inzwischen eine gute Freundin. Wir telefonierten regelmäßig und ich freute mich, die Entwicklung von Fleur so ein wenig miterleben zu können. Sie gehörte zu Marijke, aber weil sie Natashas Fohlen war, fühlte ich mich auch mit ihr verbunden. Man könnte sagen, dass Marijke wie eine Mutter für Fleur war und ich wie eine Patentante, die sie ebenfalls in ihr Herz geschlossen hatte. Alle Geschichten von Marijke zeigten mir immer wieder, wie sehr Fleur in ihrer Familie geliebt wurde. Sie wurde wie eine richtige Prinzessin behandelt.

Hazel war drei Jahre nach Fleur geboren und als sie ein Jahr alt wurde, war Fleur schon vier. Während Hazel zu diesem Zeitpunkt schon viel gelernt und dadurch auch den nötigen Respekt entwickelt hatte, wurden an Fleur nur wenige Anforderungen gestellt. Jedes Mal, wenn ich mit Marijke sprach, fragte ich sie, ob sie schon mit Fleurs Training begonnen habe, und ermutigte sie, damit anzufangen. Ich sagte ihr, dass es gerade für ein Pferd, das viel Vertrauen hat, sehr wichtig ist, auch am Respekt zu arbeiten.

Als Hazel ein Jährling war, kam für uns die Zeit des Abschieds von einer guten Zeit in Amerika. Wir wussten noch nicht, wo wir danach dauerhaft wohnen würden. Wir liebten unsere Freiheit, wollten eigentlich noch nicht zurück in die Niederlande und dachten deshalb eher an England, Irland oder Frankreich. Der Umzug war logistisch ziemlich aufwendig, denn Eden und Hazel reisten uns voraus. Marijke und Karel boten spontan an, unsere Pferde aufzunehmen, bis wir einen neuen Wohnort gefunden hatten. Eden und Hazel standen schon friedlich zusammen mit Fleur auf der Weide, als wir einige Zeit später auch dort ankamen.

Marijke und ich waren uns einig, dass es sehr besonders war, dass diese drei Pferde, deren Schicksale und deren Leben so eng miteinander verwoben und verbunden waren, jetzt auch wirklich zusammen sein konnten. Obwohl wir nur kurze Zeit bleiben konnten, widmete ich mich in diesen Tagen auch der Arbeit mit Fleur. Äußerlich glich sie ihrer Mutter Natasha wie ein Ei dem anderen, ihr Verhalten war aber völlig anders. Fleur sah wunderschön aus und war auch sehr lieb, wenn man sie bürstete und sie verwöhnte. Wenn man aber etwas von ihr wollte, gefiel ihr das eher weniger. Dann stieg sie zum Beispiel und durchbrach im wahrsten Sinne des Wortes alle Grenzen. Ich zeigte Marijke einige Übungen, die gut für Fleur waren, und bat sie eindringlich, mit ihr weiterzutrainieren.

(Foto: Hans van Gestel)

PROBLEME MIT FLEUR

Wir fanden schließlich unseren neuen Wohnort in Irland mit der Freiheit, die wir uns wünschten, und ganz viel Platz um uns herum. Auch Eden und Hazel zogen mit um, denn sie gehörten schließlich zur Familie. Das Leben in Irland gefiel uns sehr gut. Wir hatten ein kleines reetgedecktes Cottage gefunden, zu dem vierzehn Hektar Weiden, Wald und Garten gehörten. Wir lebten so einfach wie möglich in Verbundenheit miteinander, mit den Pferden und der Natur. In meiner Arbeit mit Pferden verlegte sich der Schwerpunkt vom Unterrichten und Trainieren hin zu telepathischen Sitzungen und dem Schreiben über meine Erfahrungen. Eden und Hazel gehörten hier zu einer großen Herde mit einigen anderen Pferden, deren Pflege ich übernommen hatte. Sie lebten so, wie Pferde in der Natur auch leben, und zogen frei über ein großes und abwechslungsreiches Gelände.

Marijke setzte guten Mutes das Training von Fleur fort. In ihrem Dorf wohnte ein Mädchen, das eine holistische Pferdeausbildung machte und die gern mit Fleur arbeiten wollte. Marijke versicherte mir am Telefon, das Mädchen sei sehr lieb und ruhig. Sie liebte Pferde und ging auf eine besonders milde Weise mit Fleur um. Das hörte sich gut an und als „Patentante" gönnte ich Fleur das Allerbeste. Ich wäre bestimmt traurig gewesen, wenn jemand sie mit strenger Hand erzogen hätte. Am liebsten hätte ich natürlich selbst Marijke beim Einreiten geholfen, aber das war wegen der großen Entfernung leider unmöglich.

Anfänglich schien auch alles gut zu gehen. Fleur hatte überhaupt keine Angst, und schon nach kurzer Zeit akzeptierte sie den Sattel. Nach einigen Monaten bekam ich ein Foto von Marijke, auf dem sie Fleur ritt, während das Mädchen die Longe hielt. Kurze Zeit später wurde es problematisch. Es begann damit, das Fleur nicht mehr kommen wollte. Sie wusste nun, dass sie nicht nur gestreichelt wurde, sondern an die Arbeit musste. Wenn Marijke sie endlich gefangen hatte, ließ sie sich zwar satteln und reiten, fing dann aber an, sich zu wehren. Sie war sichtlich genervt, knirschte mit den Zähnen, stampfte mit ihren Hufen und fing dann an zu bocken. Fleurs widerspenstiges Verhalten sorgte dafür, dass Marijke einige Male hinunterfiel und den Schrecken noch in den Knochen sitzen hatte.

Fleur war vom Tierarzt, vom Pferdezahnarzt und vom Osteopathen untersucht worden, um eine körperliche Ursache für ihr Verhalten auszuschließen. Aber keiner der drei Experten hatte etwas gefunden, Fleur war körperlich gesund. Die Lösung lag also auf der Hand: Fleur musste einfach eine Weile konsequent geritten werden und brauchte dabei deutliche Grenzen, um zu einem liebvollen und verlässlichen Reitpferd zu werden. Ich versicherte Marijke, dass sie Fleur damit letztendlich einen großen Gefallen tun würde. Beide konnten dadurch glücklicher werden und zusammenwachsen. Ich schlug vor, dass das Mädchen Fleur reiten könnte, aber das Mädchen lehnte dankend ab. Schließlich entschied sich Monika, die Tochter von Marijke, Fleur zu reiten. Eine andere Reitlehrerin kam hinzu, eine selbstbewusste Dame mit viel Erfahrung, vor allem im Dressurreiten. Marijke und ich waren uns darüber einig, dass dies im Moment eine gute Wahl war, denn es schien uns sehr wichtig, dass das schlechte Verhalten von Fleur durchbrochen wurde. Die neue Reitlehrerin war zwar etwas weniger mild in ihrer Herangehensweise als das Mädchen, das bisher geholfen hatte, aber sie war erfahren, ehrlich und gerecht.

Es dauerte jedoch nicht lange, bis Monika während der Reitstunden auch einige Male unsanft von Fleur katapultiert wurde. Jedes Mal war es ungefähr der gleiche Ablauf: Fleur ließ es zu, geritten zu werden, wenn sie aber genug davon hatte, wurde sie ärgerlich und entledigte sich des Menschen auf ihrem Rücken. Sie wurde darin immer geschickter. Wie ein Pfeil aus einem Bogen spurtete sie dann häufig drauflos, um ihre Reiterin mit einem gezielten Bocksprung über den Zaun zu schießen.

Als Monika eines Tages so schlimm stürzte, dass sie gar nicht mehr aufsteigen konnte, entschied sie sich, es auch in Zukunft nicht mehr zu tun. „Du hättest dabei sein müssen, um sie zu verstehen", sagte Marijke, als sie mir am Telefon von dem Vorfall berichtete. „Es fühlt sich so an, als hätte man in so einem Moment jeglichen Kontakt zu Fleur verloren." Ich fragte Marijke, ob seit dem Sturz von Monika jemand anders auf Fleur geritten sei. Das war gerade jetzt besonders wichtig, denn sonst lernte Fleur, dass ihr schlechtes Verhalten erfolgreich war. „Ja", antwortete Marijke, „die neue Reitlehrerin war sich dieser Gefahr auch bewusst und sie hat sich sofort auf Fleur gesetzt, während ich mich um Monika kümmerte. Aber sie traute sich nicht, weiter auf Fleur zu reiten. Als sie im Sattel saß, spürte sie auch, dass sie keinen Kontakt mehr zu Fleur bekommen konnte. Fleur stampfte nicht nur fest mit den Hufen auf, sondern knurrte auch hörbar, was dazu führte, dass die Reitlehrerin sich schnell aus dem Sattel schwang. Sie hatte das Gefühl, auf einer Bombe zu sitzen, die jeden Moment explodieren konnte. Ich konnte mir gut vorstellen, dass sie diesen Zeitpunkt nicht abwarten wollte."

„Und jetzt?", fragte ich sie. „Wo ist Fleur jetzt und was ist seither mit ihr geschehen?" „Sie steht auf der Weide", gab Marijke zu. „Ich weiß, eigentlich hat sie also wieder ihren Willen bekommen."

Ich fühlte mich mitschuldig an der ganzen Situation. Fleur war in erster Linie das Fohlen von Natasha und dadurch war auch ich indirekt verantwortlich für ihr Verhalten. Außerdem hatte sich Marijke vor allem wegen meiner begeisterten Geschichten über Araber für einen Araberhengst als Vater von Fleur entschieden. Rückblickend war das für sie vielleicht doch keine so gute Entscheidung gewesen. Möglicherweise hätte sie mehr Freude an einem Pferd mit einem etwas weniger ausgeprägten Charakter gehabt. Marijke hörte von mir auch immer wieder, wie toll es sei, sein eigenes Pferd selbst einzureiten. Für mich selbst ist es auch unvorstellbar, diesen wunderbaren Prozess jemand anderes zu überlassen, aber vielleicht wäre es für Marijke letztendlich besser gewesen.

„Weißt du, Marijke", antwortete ich deshalb, „vielleicht solltest du darüber nachdenken, Fleur doch in einen Trainingsstall zu bringen und sie neu einreiten zu lassen. Es wäre sehr schade, wenn die Geschichte hier enden und Fleur den Rest ihres Lebens auf der Weide verbringen würde. Das macht sie auf lange Sicht nicht glücklich und dich schon gar nicht."

„Willst du sie nicht haben?", fragte Marijke zu diesem Zeitpunkt zum allererste Mal. Ich hörte an ihrer Stimme, dass es kein ernst gemeintes Angebot war, entnahm ihren Worten jedoch einen Kern von Wahrheit. „Das würde ich gern", antwortete ich ehrlich, „ aber ich wäre eine ziemlich schlechte Freundin, wenn ich dieses Angebot annehmen würde. Sie ist dein Pferd, sie gehört zu dir und sie ist nicht ohne Grund in dein Leben gekommen. Sie erwartet von dir, dass du deine eigene Kraft erkennst und lebst, und wenn dir das gelingt, kannst du davon sicher in vielen Lebensbereichen profitieren. Im Moment würde ich mir aber erst einmal Unterstützung suchen und sie neu trainieren lassen, sodass ihr zusammen einen Neustart wagen könnt."

Fleur ging tatsächlich einige Zeit später in einen Trainingsstall. Der Transport dorthin war problematisch. Fleur hatte zwar keine Angst vor dem Pferdeanhänger, sobald ihr aber klar wurde, dass sie dort hineingehen sollte, tat sie das Gegenteil und stellte sich quer. Letzten Endes war es ein ziemlicher Aufwand und alles dauerte viel länger als eigentlich geplant. Es musste Hilfe geholt werden, einige Seile rissen bei der Aktion und Fleur stieß sich diverse Male den Kopf, bevor sie endlich im Anhänger stand. Bei der Ankunft im Trainingsstall stellte sich heraus, dass sie versucht hatte, über die Bruststange zu springen, über die sie halb mit ihren Vorderbeinen hing.

Nach einer Woche bekam Marijke die Nachricht, dass es keine weiteren Probleme gegeben habe und Fleur sich sogar relativ gut benahm. Als sie wieder zu Hause war, zeigte sich allerdings, dass sich Fleurs Verhalten kein bisschen geändert hatte. Sie entschied immer noch vom einen auf den anderen Moment, dass sie keine Lust mehr hatte. Dann war nichts mehr mit ihr anzufangen.

Die Trainerin, die Marijke ausgesucht hatte, war auch eine liebe Frau, die viel Gefühl für den Umgang mit Pferden hatte. Marijke hatte erzählt, dass sie Fleur aufs Neue an Sattel und Reiter gewöhnt und sie dann einige Male geritten hat. Dabei gab es eigentlich keine besonderen Vorkommnisse. Fleur war nicht durchgedreht, hatte nicht geknurrt oder auf andere Weise ihren Unmut kundgetan. Die Trainerin riet Marijke allerdings nachdrücklich davon ab, jemals mit Fleur zu springen. Sie hatte versucht, Fleur frei springen zu lassen, war aber zu dem Schluss gekommen, dass Fleur dafür absolut keine Veranlagung hatte.

Rückblickend vermute ich, dass Fleur recht beeindruckt von der neuen Umgebung war und deshalb alles über sich hatte ergehen lassen. Die Trainerin hatte offensichtlich nichts getan, was sie richtig ärgerlich reagieren lassen hatte. Außer beim Freispringen (was Fleur konsequent verweigert hatte, sodass die Trainerin es schließlich aufgegeben hatte) war es nicht zu einer Konfrontation gekommen, aber die Probleme waren deshalb auch noch immer nicht gelöst.

Trotzdem sah Marijke alles nicht mehr als großes Problem, weil zu jener Zeit andere Dinge in ihrem Leben wichtiger waren. Sie und ihr Mann Karel hatten beschlossen, mit der ganzen Familie nach Frankreich zu ziehen und dort Pferde zu züchten. Sie hatten kurz davor den Mangalarga Marchador kennengelernt, eine südamerikanische Gangpferderasse, die sie sehr beeindruckte. Es waren fleißige Pferde mit einem unkomplizierten und sehr arbeitswilligen Charakter – ganz anders als die eigensinnige Fleur also.

Marijke und Karel fuhren regelmäßig nach Frankreich, um dort einen passenden Ort zu finden. Sie kauften auch die ersten beiden trächtigen Zuchtstuten, die die Basis ihrer zukünftigen Zucht darstellten. Als Marijke mich anrief und begeistert berichtete, freute ich mich natürlich sehr für sie, fragte sie aber auch sofort, wie es mit Fleur weitergehen würde. Ich konnte mein Gefühl nicht unterdrücken, dass all diese erfreulichen Entwicklungen von Fleurs Problemen ablenkten.

(Foto: Amanda Melchior)

EIN VERLOCKENDES ANGEBOT

„Fleur zieht mit uns um", sagte Marijke fröhlich. „Wenn wir uns demnächst jeden Tag mit den Pferden beschäftigen, gibt es bestimmt auch genügend Zeit, um Fleurs Probleme anzupacken. Vielleicht können wir einen Trainer anstellen und außerdem haben wir dann so viel Land und so viele Pferde, dass es auch nicht so schlimm wäre, wenn Fleur nie richtig gut reitbar würde." Danach hielt sie kurz inne. „Außer es wäre so, dass du Fleur haben willst, Nanda…", beendete Marijke ihre Rede.

Diesmal klang ihr Angebot ernster gemeint als beim letzten Mal, aber es kam im falschen Moment. Während Marijke und Karel Pläne schmiedeten, um nach Frankreich umzuziehen, hatten mein Mann und ich nämlich gemerkt, dass uns unser Weg wieder zurück in die Niederlande führen würde. In Irland hätte ich Zeit und Platz für ein zusätzliches Pferd, aber in den Niederlanden würde es schon schwierig werden, ein bezahlbares Haus mit Stall und Weide für Eden und Hazel zu finden.

Und auch jetzt hatte ich das Gefühl, dass ich meiner Freundin nicht gerecht werden würde, wenn ich ihr Angebot annähme. „Würdest du wirklich wollen, dass Fleur zu mir kommt?", fragte ich Marijke deshalb. „Du liebst sie so sehr und ich kann mir vorstellen, dass diese Entscheidung dich sehr traurig machen könnte." „Ich bin mir sicher, dass das so sein würde", antwortete Marijke, „aber manchmal denke ich, dass es doch so sein soll. Du hast damals aus Liebe zu Natasha beschlossen, sie loszulassen und sie mir zu geben. Vielleicht ist für mich jetzt die Zeit gekommen, aus Liebe zu Fleur das Gleiche zu tun."

Ich spürte, dass diese Bemerkung das Gefühl von Schmetterlingen im Bauch bei mir verursachte. Wäre es nicht sehr besonders, wenn

Fleur tatsächlich zu mir kommen würde und mit Eden und Hazel eine kleine Herde bilden würde?

„Ist es vielleicht eine Idee, Kontakt mit Fleur aufzunehmen und sie zu fragen, was sie selbst will?", fragte Marijke mich anschließend. Ich zögerte einen Moment, bevor ich antwortete. Inzwischen gehörte es zu meiner täglichen Arbeit, aus der Ferne über ein Foto telepathischen Kontakt mit Pferden aufzunehmen und anschließend darüber zu berichten. Marijke bat mich auch regelmäßig um Rat, wenn sie eine Frage zu ihren Pferden hatte oder sich bei etwas unsicher war.

Bei Fleur brauchte ich noch nicht mal ein Foto, um Kontakt mit ihr aufzunehmen. Ich fühlte mich so mit ihr verbunden, dass ich ihr direkte Fragen stellen konnte. Mit dem jetzigen Vorschlag von Marijke hatte ich allerdings so meine Probleme. Diese Bitte betraf mich selbst und ich fragte mich, ob das nicht meine Objektivität beeinflussen würde. Trotzdem versprach ich Marijke, dass ich aus der Ferne Kontakt mit Fleur aufnehmen würde. Ihr Vertrauen ehrte mich und ich hoffte, dass es mich nicht in Gewissensnot bringen würde.

Am gleichen Abend noch fiel ich in eine leichte Trance, als ich mich auf Fleur konzentrierte. Ich folgte dem energetischen Band, das meinem Herzen entsprang und das mich über Natasha und Hazel mit Fleurs Herz verband. *Hey Fleurchen,* sagte ich in Gedanken, als ich ihre Energie spürte. *Machst du dir Sorgen über die Ankunft der beiden zukünftigen Zuchtstuten?* Einen kurzen Moment glaubte ich zu fühlen, dass das tatsächlich so war, zweifelte aber auch sofort an der Objektivität meiner Wahrnehmung. Ich war selbst besorgt über die neue Situation mit den beiden Zuchtstuten, durfte aber mein Gefühl natürlich nicht auf Fleur projizieren. Das fiel mir ziemlich schwer und ich nahm mir vor, erst einmal Abstand zu nehmen und mich zu entspannen, bevor ich den Kontakt wieder aufnehmen würde. Es war mir wichtig, dann keine subjektive Frage zu stellen, sondern eine offene Bitte zu äußern.

Liebe Fleur, dachte ich, *kannst du mir vielleicht ein Bild oder ein Gefühl schicken, das Marijke hilft?* Kurz darauf sah ich vor meinem geistigen Auge einen breiten Sandweg, der sich vor mir ausstreckte und der sich ein Stückchen weiter teilte. An der Weggabelung führte der eine

Weg nach rechts und der andere nach links. Es schien also zwei Möglichkeiten für die Zukunft zu geben, die beide noch offen waren. In Gedanken lief ich über den Weg, bis ich an der Weggabelung stand.

Wohin führt dieser Weg?, fragte ich Fleur, während ich mich auf den rechten Weg konzentrierte. *Das ist der Weg, auf dem Marijke mir näherkommt,* hörte ich Fleurs Antwort in meinen Gedanken. *Und der linke Weg? Wohin führt der?*, fragte ich anschließend. *Das ist der Weg, auf dem sich Marijke weiter von mir entfernen wird,* antwortete Fleur. Ich erschrak; das war nicht gut, diesen Weg sollte Marijke nicht nehmen. Fast im selben Augenblick wurde mir jedoch bewusst, dass dies eine typisch menschliche Reaktion war, die mir mein eigenes Gefühl vermittelt hatte. Fleur schien den einen Weg nicht schlechter als den anderen zu bewerten. Sie zeigte mir ohne jegliche Bewertung einfach nur zwei Wege, die beide ein anderes Ziel hatten.

Sie wartete, bis ich wieder verstanden hatte, dass der Mensch die freie Wahl hat und Marijke, je nachdem, welche Entscheidungen sie in ihrem Leben treffen würde, Fleur näherkommen oder sich weiter von ihr entfernen würde. *Wenn Marijke sich weiter von mir entfernt, werden wir uns näherkommen,* hörte ich ihre Worte in meinem Kopf nachklingen. Ich verstand, dass die Zeit für eine definitive Antwort noch nicht reif war. Ob Fleur bei Marijke bleiben oder zu mir kommen würde, war abhängig von dem Weg, den Marijke einschlagen würde. Ich gönnte Marijke von Herzen, dass es zwischen ihr und Fleur wieder richtig gut werden würde, und ich sah es auch als meine Aufgabe, ihr dabei als Freundin zu helfen, wo ich konnte. Und wenn es anders laufen würde, käme Fleur letztendlich doch zu mir. Mit beiden Vorstellungen konnte ich gut leben.

„Alle Möglichkeiten sind noch offen", berichtete ich Marijke also, als ich sie zurückrief. „Fleur sieht noch eine gemeinsame Zukunft mit dir und es besteht noch immer eine realistische Chance, dass ihr euch findet und zusammenwachst. Daran würde ich intensiv arbeiten und darauf würde ich hoffen, wenn ich du wäre."

(Foto: Fotolia.com/Mari_art)

(Foto: Amanda Melchior)

DAS ERSTE TREFFEN MIT FLEUR

Ein gutes halbes Jahr nachdem wir zurück in den Niederlanden waren, zogen Marijke und Karel nach Frankreich. Wir hatten für die erste Zeit nach unserem Aufenthalt in Irland einen kleinen Bauernhof mit etwas Land mieten können, um von da aus auf die Suche nach einem Haus zu gehen, das wir für uns und unsere Pferde kaufen konnten. Marijke und Karel wohnten zwar nicht in unserer Nähe, aber wir verabredeten uns für einen Besuch bei den beiden, damit ich auch Fleur sehen konnte. Ich fand das spannend, denn es ist etwas anderes, wenn man aus der Ferne telepathischen Kontakt mit einem Pferd aufnimmt oder wenn man es persönlich trifft. Ich war neugierig, was bei unserem ersten Treffen passieren würde. Würde ich starke Gefühle haben, wenn ich sie sah, oder nicht?

Am Tag vor diesem Besuch machte ich mit Eden einen schönen Ausritt und während des Reitens wanderten meine Gedanken unwillkürlich zu Fleur. *Was denkst du, Eden?*, fragte ich meine treue Stute, ohne meine Worte laut auszusprechen. *Soll es so sein, dass Fleur doch wieder zu uns kommt? Würdest du das wollen, liebe Eden? Oder möchtest du lieber einfach nur mit Hazel zusammenbleiben?*

Edens Antwort kam ziemlich direkt und war eine Mischung aus Bildern und Worten, die mich etwas überfiel. Es war so, als ob sie mir einen kleinen Blick in die Zukunft eröffnete oder mir zumindest eine mögliche Zukunft zeigte. Ich sah Bilder von Fleur in unserer Herde, aber in den Bildern sah ich auch, wie Eden immer mehr in den Hintergrund rückte und sich schließlich nichts veränderte. Es schien so, als habe Fleur in diesem Zukunftsbild den Platz von Eden eingenommen und als habe Eden keinen Platz mehr, wenn Fleur zu uns kommen würde.

Fleurs Kommen wäre der Beginn meines Abschieds, hörte ich Eden sagen. Ich erschrak sehr und spürte, wie die Tränen in mir aufstiegen. Das wollte ich nicht! Wenn ich Eden dadurch verlieren würde, wollte ich Fleur nicht haben. So einfach war das. Ich schüttelte den Kopf hin und her, um die Bilder loszuwerden und den Kontakt zu unterbrechen. Noch sehr beunruhigt strich ich Eden über den Hals. „Mach dir keine Sorgen, liebe Eden", versicherte ich ihr, „ich werde keine Entscheidung auf deine Kosten fällen. Dein Wohlergehen steht für mich an erster Stelle und es gibt keinen Grund, daran zu zweifeln."

Aber Eden machte sich auch keine Sorgen. Die Emotionen, die die Bilder bei mir hervorriefen, kamen rückblickend ausschließlich von mir selbst.

Als ich am nächsten Tag Marijke und Karel besuchte, war ich froh, dass zwischen Fleur und mir nichts Besonderes passierte. Die schlanke Fuchsstute war nicht mehr oder weniger interessiert an mir als die anderen Pferde. Obwohl ich sie schön fand und mich ihr Äußeres sehr an Natasha erinnerte, weckte sie keine starken Gefühle in mir. „Jetzt können wir sie noch bei dir lassen", sagte Karel, während ich Fleur betrachtete. Ich schaute auf, lächelte und versicherte ihm, dass Fleur zu Marijke gehöre und sie die Sonne in Frankreich ganz bestimmt genießen würde. Ich sah, wie Marijke erleichtert aufatmete, denn auch sie hoffte noch auf eine so schöne Zukunft. Gleichzeitig fiel mir auch ein Stein vom Herzen, denn ich wollte, dass Eden auf keinen Fall zu kurz kommen sollte.

Marijke und ich machten an diesem Tag noch einen schönen Ausritt auf den beiden neuen Zuchtstuten, die beide nicht braver hätten sein können. Es waren wunderbare Pferde mit einer sehr komfortablen Extragangart. Wir genossen Natur und Sonne und unterhielten uns prächtig.

„Genau das liebe ich", sagte Marijke fröhlich, „gemütlich zusammen mit den Pferden unterwegs sein. Was gibt es Schöneres?" Ich verstand gut, was sie meinte, aber obwohl ich den entspannten Ritt genoss, weiß ich auch von mir selbst, dass ich mich schnell langweile, wenn ein Pferd alles kann und alles tut. Das ist irgendwie ein komischer Tick von mir;

Verhaltensprobleme bei Pferden fordern mich geradezu heraus. Aber vielleicht wurde es jetzt auch für mich einmal Zeit, von meinen Pferden einfach mal zu genießen und die Früchte meiner Arbeit zu ernten.

Edens Probleme waren alle gelöst und in ihr hatte ich nun die treueste Freundin auf vier Beinen, die man sich nur wünschen kann. Mit Hazel hatte ich von Anfang an sowohl am Vertrauen als auch am Respekt gearbeitet, sodass es nie Probleme mit ihr gab. Ich konnte eigentlich alles mit ihr machen. Ich hatte ihr beigebracht, unter dem Sattel und vor der Kutsche zu gehen, sie mit und ohne Gebiss geritten und vom Reitstil her Englisch und Western abgewechselt. In den Beratungen und Unterrichtsstunden, die ich gab, gab es sowieso schon jede Menge Pferdeprobleme zu lösen, sodass ich kein neues (Problem-) Pferd brauchte. Und wenn ich plötzlich wieder das Bedürfnis haben würde, mich noch mehr Pferdeproblemen zu widmen, konnte ich natürlich wieder mal ein armes, traumatisiertes Pferdchen retten. Es gibt leider immer noch genug Pferde auf dieser Welt, die die Hilfe des Menschen dringend brauchen. Ich fühle mich zu solchen Pferden immer wieder hingezogen und denke, dass ich für sie auch einen wesentlichen Beitrag leisten kann.

Fleur aber hatte etwas Eigensinniges an sich und strahlte eher aus, dass sie niemanden brauchte. Das stieß mich mehr ab, als dass es mich interessierte.

Ich sage Menschen immer, dass es wichtig ist, bei der Wahl eines Pferdes auf sein Herz zu hören. Das Herz wertschätzt die Eigenschaften und Qualitäten, die man selbst auch in sich trägt, und bewundert das, was man selbst gern entwickeln würde. Darüber hinaus nimmt das Herz vor allem Leid, Schmerz oder Trauer wahr, die man aus eigener Erfahrung kennt. Mein Herz klopfte nicht schneller, als ich Fleur an diesem Tag sah; mein Herz wertschätzte, bewunderte und erkannte bedeutend weniger, als ich erwartet hatte.

(Foto: Fotolia.com/Edoma)

KEINE VERBESSERUNG IN SICHT

In der Zeit, in der Marijke mit ihrer Familie und ihren Pferden nach Frankreich zog, fanden wir ein Haus, in dem wir in Zukunft wohnen wollten. Es gab eine Scheune, in die ich zwei Ställe bauen konnte, sowie eine kleine Weide und genug Platz, um einen Roundpen oder Paddock anzulegen. In dem kleinen Dorf fühlten wir uns alle zu Hause und in der Umgebung gab es jede Menge Reitwege, sodass ich auch sehr glücklich war. Es war zwar weder Amerika noch Irland und meine Pferde würden sich hier mit sehr viel weniger Platz zufriedengeben müssen, als sie gewöhnt waren, aber wir würden wahrscheinlich noch Weideland mieten können und für meine zwei Pferdchen reichte es auf jeden Fall.

Fleur war zu diesem Zeitpunkt nicht nur weit weg, sie war auch aus meinen Gedanken verschwunden. Ich ging davon aus, dass es wahrscheinlich nicht so gedacht war, dass sie zu mir kommen sollte, und es zwischen ihr und Marijke gut gehen würde.

In Frankreich angekommen, brachten Marijke und Karel die Pferde in einem Stall unter, in dem es auch einen Ausbildungsstall gab, der von einem sehr erfahrenen französischen Pferdemann geleitet wurde. Dieser hatte angeboten, ihnen beim Beritt von Fleur zu helfen. Das hörte sich gut an und ich ging davon aus, dass Fleur wieder brav mitarbeiten würde.

Anfangs sah es also so aus, als ob Marijke sich auf dem Weg befand, der sie wieder näher zu Fleur bringen würde, aber dann kam doch alles anders. Fleur war so ausdauernd in ihrem negativen Verhalten, dass der französische Trainer eines Tages die Geduld verlor. Sie ging rechts herum, wenn sie links herum gehen sollte, und sie sträubte sich

gegen alles, was ständig Probleme verursachte. Der Trainer schluss-
folgerte daraus, dass Fleur nicht richtig tickte. Einen anderen Grund
für ihre Lernschwierigkeiten konnte es in seinen Augen nicht geben.
Er teilte Marijke und Karel mit, dass er ihnen mit Fleur nicht weiterhel-
fen könne. Er hatte die Nase voll.

So kam es, dass Fleur arbeitslos auf einer sonnenüberfluteten französischen Weide landete. Nicht wirklich eine Strafe für ein Pferd, aber
trotzdem sehr schade. Marijke war es dann auch ein Dorn im Auge,
Fleur so zu sehen. Sie hatte ihren Traum verwirklicht und wohnte im
sonnigen Frankreich, wo sie zusammen mit ihrem Mann wunderbare
Pferde züchtete und traumhafte Trekkingritte in der schönen Natur
unternahm. Nur das Pferd, das sie eigentlich am meisten liebte, blieb
jedes Mal auf der Weide zurück. Immer wenn sie Fleur stehen sah,
fühlte Marijke sich schuldig und innerlich traurig. Alle Pferde auf dem
Hof waren schön und hatten einen arbeitswilligen Charakter – alle
außer Fleur…

Meine Unruhe nahm in dem Moment zu, in dem der französische
Trainer Fleur für verrückt erklärt hatte. Ich erschrak, als ich spürte, wie
ärgerlich mich seine Bemerkung machte. Die Tochter von Natasha verrückt? Was maß sich dieser Kerl nur an? Ich zweifelte keine Sekunde
daran, dass Fleur ausgesprochen intelligent war, und ich war gleich auf
ihrer Seite. Marijke wusste nicht mehr, was sie glauben sollte; ihre
Geduld, ihre Hoffnung und ihr Vertrauen nahmen immer mehr ab. Es
war so, als ob die Weiche in diesem Moment umgestellt wurde oder als
ob wir auf der Kreuzung der beiden Sandwege angelangt waren.

Marijke entschied sich schließlich für den linken Weg. Der Weg, auf
dem sie von ihrem Mann, ihrer Tochter und den vielen braven Pferden,
die sie züchteten, begleitet wurde. Es war ein schöner sonniger Weg
und eine sehr verständliche Entscheidung, die sie aber viel weiter von
Fleur wegbringen würde. Es schien so, als würden die anderen Pferde
auch so fühlen, denn Fleur wurde aus der immer größer werdenden
Herde mehr oder weniger verstoßen. Auch das berührte mich und ich
spürte wieder, wie böse ich darüber war. Wie konnten die anderen Pferde Fleur ablehnen? Fleur hatte die ältesten Rechte und sie war das einzige Pferd aus der Herde, das eine Seelenverbindung zu Marijke hatte.

Sie war sogar für Marijke in dieses Leben zurückgekehrt. Wieder stellte ich mich auf Fleurs Seite und versuchte Marijke davon zu überzeugen, dass Fleur die unangefochtene Anführerin der Herde sein müsste. Marijke sah dies aber anders. Sie erzählte, dass das Pferd von Karel, das jetzt die Herde anführte, von Beginn an Probleme mit Fleur hatte. „Obwohl er sie manchmal stundenlang aufscheuchte, hörte sie nicht auf, ihn herauszufordern", berichtete sie. „Es scheint so, als würde sie die Pferdesprache nicht verstehen. Sie unterwirft sich eigentlich nie. Die neuen Pferde tun das wohl, und deshalb wird Fleur jetzt aus der Herde ausgeschlossen." Ich war fest davon überzeugt, dass Fleur die Pferdesprache sehr wohl, verstand und ihr Verhalten nur zeigte, was sie fühlte. An sich ist das gut für sie, schoss es mir plötzlich durch den Kopf. Denn diese dickköpfige und stolze Stute blieb sich selbst treu. Auch wenn die Pferde und Menschen in ihrem Umfeld in ihr nicht das erkannten, was sie war, glaubte sie weiterhin an sich selbst. Das war eigentlich sehr bewundernswert!

Ich versuchte Marijke jedes Mal, wenn ich mit ihr sprach, zu ermuntern, die Arbeit mit Fleur wieder aufzunehmen, doch sie vermittelte mir, dass der Zug abgefahren war. Langsam, aber sicher spürte ich, wie Fleur mir näherkam. Trotzdem vergingen noch ein paar Jahre, bis Marijke mich noch einmal fragte, ob ich Fleur haben wolle. „Ich liebe sie sehr, aber ich kann sie nicht glücklich machen, und dabei gönne ich es ihr so sehr." Diesmal spürte ich, dass sie es ernst meinte. „Wenn du sie nicht haben willst, dann lasse ich sie vielleicht von unserem Hengst decken", erklärte Marijke. „Vielleicht bekommt sie ein nettes Fohlen und hat zumindest ein Ziel in ihrem Leben."

Ich war überzeugt, dass eine solche Wendung Fleurs Probleme niemals lösen würde. Auf einmal fühlte ich mich sehr mit ihr verbunden. Mir wurde klar, dass es auch Leid bedeuten kann, wenn man nicht so gesehen wird, wie man wirklich ist. Ich spürte, dass mein Herz sich für Fleur öffnete und ich sie am liebsten so schnell wie möglich zu mir holen wollte. Das Einzige, was mich davon abhielt, waren die Bilder, die mir Eden gezeigt hatte, worin Fleur ihren Platz eingenommen hatte. Und der praktische Aspekt spielte natürlich auch noch eine Rolle. „Gib mir ein paar Tage Zeit", sagte ich zu Marijke. „Ich muss schauen, wie ich es organisieren kann."

(Foto: Hans van Gestel)

SORGE UM EDEN

Am selben Wochenende gab ich einen Workshop an einem schönen Ort in Friesland. Eine der Teilnehmerinnen hatte ein sehr altes Pferd mitgenommen. Der liebe Wallach war dreiundzwanzig Jahre alt und bei seinem Basischakra, wo ich die Verbindung mit dem Irdischen fühlen kann, strömte nicht mehr viel Energie. Ich erklärte seiner Besitzerin und den anderen Teilnehmen des Workshops, dass dies für ein Pferd in diesem Alter normal sei.

Wenn ein Fohlen geboren wird und der Geist den irdischen Körper beseelt, kann man sich das wie folgt vorstellen: Die gesamten Chakren des Pferdes öffnen sich von oben nach unten. Wie die Lichter an einem Weihnachtsbaum flammen die Chakren nacheinander auf, bis auch das Licht an der Basis sicher brennt. Danach verbindet sich das Fohlen in der folgenden Zeit mit der Erde. Für mich wird diese Verbindung mit der Erde als rotbraune energetische Kabel sichtbar. Die energetischen Kabel gehen vom Basischakra aus und wachsen entlang der Hinterbeine in die Erde, in etwa so wie die Wurzeln eines Baumes. Das Fohlen verwurzelt sich quasi mit der Erde. Wie stark und weit verzweigt die Wurzeln sind und wie tief sie ins Erdreich reichen, ist einerseits abhängig von der Rasse und andererseits von den Lebensbedingungen. Wenn sich ein Fohlen seines Lebens nicht sicher ist, wagt es nicht, sich tief zu verwurzeln. Das sieht man zum Beispiel bei Fohlen, die schnell oder ganz plötzlich abgesetzt werden oder die in einer Jungpferdegruppe am unteren Ende der Rangordnung stehen. Auch wenn ein Fohlen oder ein junges Pferd häufig weiterverkauft wird, kann dies den Prozess des Erdens massiv stören. Die Würzelchen, die sich gerade den Weg durch die Erde gebahnt haben, werden dann immer wieder aufs Neue herausgezogen. Unter normalen Umständen verbindet sich ein Fohlen fest mit der Erde und seine Lebensenergie und Erdungskraft nehmen immer mehr zu. Bei jungen Pferden sieht man häufig, dass sie zu viel Energie haben, vor allem, wenn der

Mensch noch wenige Anforderungen an sie stellt. Bei Pferden, die physisch und emotional erwachsen sind, erreichen Lebensenergie und Erdungskraft eine schöne Balance. Ab einem Alter von etwa fünfzehn bis sechzehn Jahren nimmt die Energie langsam wieder ab. Bei sehr alten Pferden werden die Wurzeln in der Erde wieder etwas lockerer. Ein Pferdesenior zieht die Energie aus seinem irdischen Körper und seinen Wurzeln wieder etwas zurück und stellt sich langsam, aber sicher auf seine himmlische Existenz ein.

Als ich erklärte, dass dieser Prozess bei dem 23-jährigen Wallach der Kursteilnehmerin eingesetzt hatte, wurden alle Anwesenden still. Für die Besitzerin war diese Nachricht allerdings keine Überraschung, weil sie auch schon im Alltag erste Anzeichen bemerkt hatte. Ihr Wallach führte nicht länger die Herde an und hatte somit einen erkennbaren Schritt zurückgemacht. Ich beeilte mich noch schnell hinzuzufügen, dass dieser Zustand, was Pferde betrifft, kein Grund zur Betrübnis ist. Menschen sind geneigt, so lange wie möglich an ihrer Jugend und an ihrem irdischen Dasein festzuhalten, weil sie sich in vielen Fällen von der Natur entfernt haben. Für Pferde ist Altwerden und der unvermeidbar darauf folgende Tod kein Grund für Angst, sondern ein natürlicher Prozess. Pferde sind sich der Verbundenheit mit dem Universum immer bewusst und sehen den Tod nur als Übergang in einen anderen Energiezustand. Außerdem kann das Zurückziehen der Wurzeln einige Jahre dauern. Es ist zwar der Beginn des Abschieds, bedeutet aber nicht, dass das Leben sofort auch vorbei ist.

„Wie alt ist Eden eigentlich?", fragte mich die Besitzerin des Wallachs ganz direkt. Ich musste kurz nachrechnen und realisierte in dem Moment, dass Eden genau so alt war wie ihr Wallach. „Kannst du bei Eden auch schon fühlen, dass sie auf dem Rückzug ist?", fragte sie mich daraufhin. Ich musste zugeben, dass ich noch keine Anstalten gemacht hatte, dies bei meiner Stute zu überprüfen. Der Gedanke war mir einfach noch nicht gekommen, obwohl auch ich erste Anzeichen des Zurückziehens bei meiner Stute festgestellt hatte.

Genau wie bei dem Wallach sah ich, dass auch Eden einen Schritt zurückgemacht hatte. Nach dem letzten großen Umzug von Irland zurück in die Niederlande war mir aufgefallen, dass sie auf einmal älter wirkte und es schwieriger war, ihren Futterzustand zu halten. Ich ritt sie zwar noch hin und wieder, ließ sie dann aber immer selbst das Tempo bestimmen. Praktisch bedeutete dies, dass unsere gemeinsamen kleinen Ausflüge eher einem entspannten Sonntagmorgenspaziergang glichen als einem Marathon. Hatte ich Lust auf einen langen und intensiveren Ausritt, nahm ich gern Hazel mit, weil ich Eden nicht mehr so viel abverlangen wollte. Eigentlich wusste ich also, dass Eden energetisch in der gleichen Lebensphase war wie der alte Wallach, aber ich nahm mir vor, dies zu Hause offiziell zu bestätigen, indem ich Edens Basischakra und ihr Kronenchakra erfühlen würde.

Als ich am nächsten Morgen meine Hand auf Edens Schweifansatz legte, um zu fühlen, wie viel Energie hier noch strömte, wurden meine Vermutungen bestätigt. Die Energie fühlte sich hier auch für einen Araber sanft und leicht an. Eden war noch immer mit der Erde verbunden, aber nicht mehr so fest, wie sie es war, als sie noch mitten in ihrer Lebenskraft stand. *Tut dir vielleicht irgendwo etwas weh?*, fragte ich sie in Gedanken ein wenig besorgt. *Nein, beruhigte sie mich, ich fühle mich gut und genieße jeden Tag und jeden Moment.* Ich seufzte erleichtert und fühlte ihr Kronenchakra, das ihre Worte noch einmal bestätigte.

Beim Kronenchakra spüre ich die Verbindung mit dem Höheren, dem Himmlischen – die Krone, die in die Wolken reicht und den Gegenpol zu den Wurzeln in der Erde bildet. Es war deutlich spürbar, dass das Himmlische für Eden näher war als das Irdische, aber es zog sie Gott sei Dank noch nicht dorthin. Wenn dies der Fall ist, hat das Pferd Sehnsucht nach der himmlischen Existenz, was ich jedoch bei Eden noch gar nicht fühlen konnte. *Wie lang wirst du denn noch ungefähr leben?*, fragte ich sie in Gedanken. *Ein, zwei, drei oder vier Jahre? – Oh ja, so lange ganz bestimmt*, antwortete sie und mir fiel ein Stein vom Herzen. Je mehr ich weiterfragte, desto vager wurden Edens Antworten. Dass sie noch fünf Jahre physisch bei mir sein würde, konnte sie mit ziemlicher Sicherheit garantieren, danach aber fühlte es sich unsicherer an.

Die Ankunft von Fleur ist der Beginn meines Abschieds, hatte Eden gesagt. Damals erschrak ich darüber sehr, denn ich wollte Eden ja nicht verlieren. Aber was ich gerade gefühlt hatte veränderte die Sicht der Dinge in Bezug auf Fleur für mich nun doch ein wenig. Der

Prozess des langsamen Loslassens hatte eingesetzt, das war Fakt. Auch mein Gefühl für Fleur und der Wunsch, sie sobald wie möglich zu mir zu holen, waren sehr klar. Ich nahm mir vor, Eden erneut zu fragen, ob es so sein sollte, dass Fleur zu uns kam. Als ich Eden dann fragte, zeigte sie mir genau die gleichen Bilder, die mich diesmal aber nicht erschreckten und mich auch nicht verwirrten. Wieder sah ich, wie Eden immer weiter in den Hintergrund rückte, bis sie sich schließlich im Nichts auflöste und unsichtbar wurde.

Im Gegensatz zum ersten Mal verstand ich jetzt aber, dass dies in jedem Fall geschehen würde, egal ob ich Fleur nun zu uns holen würde oder nicht. Mit ihrem nächsten Satz klärten sich die Verhältnisse für mich noch mehr auf. *Fleur wird meinen Platz einnehmen, sie ist meine Nachfolgerin*, hörte ich Edens sanfte Stimme in meinen Gedanken. *Wir werden sie zusammen auf ihre Rolle als Leitstute vorbereiten. Es wird mich beruhigen, wenn ich weiß, dass sie für dich und Hazel sorgen wird, wenn ich nicht mehr hier bin.*

Das, was vor einigen Jahren noch eine Zukunftsoption war, schien nun Wirklichkeit zu werden. Ich bezweifelte nicht, dass Fleur auch mit Hazel an ihrer Seite glücklich sein würde. Vor allem dann, wenn Hazel eines Tages ohne die körperliche Anwesenheit ihrer Mutter auskommen müsste. Hazel graste ein paar Meter entfernt von Eden und mir und schaute auf, als sie fühlte, dass ich an sie dachte. Ich seufzte tief bei dem Gedanken, dass Fleur kommen und unsere Herde ergänzen würde. Einerseits machte mich das richtig froh, denn was ist schöner als ein neues Pferd zu bekommen, und dann noch das Fohlen von Natasha? Andererseits fühlte ich die Verantwortung auf meinen Schultern lasten. Würde ich es praktisch hinkriegen, drei Pferde auf unserem relativ kleinen Stückchen Land zu halten? Fleur war zwar nicht so groß und es gab noch einen zusätzlichen Offenstall, aber trotzdem… Verglichen mit den natürlichen Lebensbedingungen, die ich meinen Pferden in Amerika und Irland hatte bieten können, mussten wir uns hier eher behelfen.

Ich setzte mich ins Gras unserer kleinen Weide am Ufer des Flusses. Ich schaute auf das leise vor sich hin plätschernde Wasser und ließ meine Gedanken ruhig mitfließen. Ich hatte noch oft Sehnsucht, wenn ich an Irland dachte.

Besonders hatte ich Heimweh nach der Ruhe und dem vielen Platz, den es dort gibt. Obwohl Eden und Hazel mir immer wieder versicherten, dass sie hier sehr glücklich waren, schmerzte es mich, dass ich ihnen ihre natürliche Lebensumgebung, so wie es in Irland der Fall gewesen war, nicht mehr bieten konnte. Für mich war es auch deshalb ideal gewesen, weil ich wenig Arbeit mit meinen Pferden hatte. Alle Zeit, die ich mit ihnen verbrachte, war reine Quality Time, während ich jetzt viel Zeit damit verbrachte, die Ställe auszumisten, Heu zu schleppen, Mist wegzubringen und andere triviale Aufgaben auszuführen. Ein zusätzliches Pferd bedeutete, dass ich noch mehr Heu schleppen und mehr Mist sammeln musste. Gleichzeitig war es auch ein kleiner Anschlag auf meine sowieso schon begrenzten finanziellen Mittel.

Mir fiel es selbst schwer, mich wieder an das turbulente und sehr volle Leben mit allen Regeln und Konventionen hierzulande zu gewöhnen. Es war relativ leicht, in Balance zu bleiben, als ich mit meiner Familie und meinen Pferden mitten in den Wäldern Irlands wohnte. Dagegen war nun alles eine ziemliche Herausforderung. Die Verbundenheit mit den Pferden, der Natur und dem Universum war in Amerika und in Irland ein konstanter Faktor gewesen, hier hatte ich aber manchmal das Gefühl, dass mir diese Verbundenheit entglitt.

Ich atmete einige Male tief durch und versuchte meine Sorgen loszulassen. Es fühlte sich nun richtig an, dass Fleur zu uns kommen würde, und das gab mir Vertrauen. *Lass es los, Nanda, lass es los,* sagte ich zu mir selbst. *Kommt Zeit, kommt Rat.* Ich beschloss, mich auf die positiven Aspekte zu konzentrieren, und überlegte mir, dass ich Fleur einen neuen Namen geben wollte. Einen Namen, der besser zu Eden und Hazel passte und besser zu ihr selbst. Der Name Flow gefiel mir gut, weil die Flüsse des Lebens uns zueinandergeführt hatten und weil ich hoffte, dass sie ihren Widerstand aufgeben und lernen würde, bei dem mitzumachen, worum ich sie bat. Und so war es beschlossene Sache: Fleur würde von nun an Flow heißen und ich würde sie so bald wie möglich in unsere kleine Herde holen.

(Foto: Amanda Melchior)

DEM LEBENSFLUSS FOLGEN

Als ich aufschaute, begriff ich, dass ich auch in unserem kleinen Land noch immer mit dem Universum verbunden und von Natur umgeben war. Direkt vor meiner Nase glitten drei wunderschöne weiße Schwäne geräuschlos durch das Wasser des kleinen Flusses. Nicht einer, nicht zwei, sondern drei Schwäne. *Go with the flow* war in diesem Moment ganz klar in meinen Gedanken und die Bestätigung hätte in keinem besseren Zeitpunkt kommen können.

Bei den Native Americans ist der Schwan das Symbol für Anmut. Schwäne können so graziös über das Wasser gleiten, weil sie sich von der Strömung des Wassers tragen lassen und sich nicht dagegen wehren. Die Legende vom Schwan erzählt, wie er als kleines hässliches Entlein in einer Traumwelt landet. Darin kommt er an ein enorm großes schwarzes Loch – das Tor zu anderen Welten. Die Libelle, die dieses Tor bewacht, erklärt dem Schwan, dass er alles, was in der Zukunft passieren wird, annehmen muss, bevor er das Recht hat einzutreten. Nachdem der Schwan feierlich gelobt hat, sich nicht gegen den Fluss zur Wehr zu setzen und den großen Plan zu akzeptieren, lässt die Libelle ihn durch. Erst nach einigen Tagen kommt der Schwan wieder aus diesem dunklen Strudel zum Vorschein und die Libelle erkennt ihn beinahe nicht mehr. Der Schwan ist völlig transformiert: graziös und weiß, mit einem eleganten langen Hals. Er hat sich das Recht verdient, die Traumwelt aus eigenem Willen heraus zu betreten, weil er nicht versucht hat, gegen den Strom zu schwimmen.

Es ist relativ einfach, dem Lebensfluss zu folgen, wenn er einen dorthin bringt, wo man sein möchte. Es ist viel schwieriger und erfordert viel mehr Vertrauen, wenn man nicht weiß, wo man landet, oder wenn man lieber in eine andere Richtung schwimmen würde. Als der Fluss des Lebens mich seinerzeit an das andere Ende der Welt geführt hatte, hatte ich mich willig zu mehr Freiheit und Platz um mich herum leiten lassen. Jetzt, wo sich die Gezeiten geändert und der Fluss des Lebens mich wieder an einen Ort zurückgebracht hatte, an dem ich mich in meiner Freiheit und dem Raum um mich herum relativ begrenzt fühlte, hatte ich immer wieder die Tendenz, in den Widerstand zu gehen. In dem Moment, in dem ich die drei Schwäne vorbeigleiten sah, wurde mir bewusst, dass ich genau das nicht tun sollte. Ich konnte nicht wissen, was die Zukunft bringen würde, konnte sie aber bedingungslos akzeptieren, so wie der Schwan. Ich durfte darauf vertrauen, dass das Universum mich in eine Richtung schickte, die mir die Chance geben würde, weiter zu wachsen. *I had to go with the flow*. Nicht nur sprichwörtlich, sondern auch tatsächlich, indem ich Fleur zu mir holte.

Und so kam Fleur, die nun als Flow weiter durchs Leben gehen würde, an einem schönen Tag im Juli aus dem sonnigen Frankreich zu mir. Als ich mich einmal entschieden hatte, konnte ich es auch kaum abwarten, bis sie da war. Die Erinnerung an unsere letzte Begegnung, bei der mich nur wenig mit ihr verband, war im Lauf der Zeit verwischt. Ich hatte in der vergangenen Zeit gespürt, dass sie mir näherkam, und mein Herz hatte sich immer mehr für sie geöffnet, weil niemand sie bisher gesehen hatte, wie sie wirklich war. Ich sah sie so, wie sie in ihrer Seele war, ohne mir dabei klarzumachen, wie weit die Stute in ihrem Alltag von diesem Bild ihrer Seele inzwischen entfernt war.

Die Gefühle, die ich für Flow hatte, waren auch wesentlich anders als damals bei Eden. In Eden hatte sich mein Herz selbst erkannt, während es Flow bewunderte. Auch in meinem Leben ist es vorgekommen, dass ein Mensch, den ich liebte, einen Weg wählte, der ihn in eine andere Richtung führte. Es spricht für sich, dass er mich dadurch nicht mehr sehen konnte, was für mich sehr schmerzlich war. Flows Schmerz, nicht gesehen zu werden, wie sie wirklich ist, erkannte ich deshalb nur allzu gut. Es wurde mir in der Vergangenheit dann auch immer übel genommen, wenn ich diese Person daran erinnerte, welche Distanz durch ihre Entscheidungen zwischen uns entstanden war. Dadurch war ich eher geneigt, über meine eigenen Grenzen hinauszugehen, und ich schwieg lieber, als meine eigene Wahrheit auszusprechen. Ich bewunderte Flows Fähigkeit, ihrer Wahrheit treu zu bleiben, auch wenn dies heftige Konfrontationen zur Folge hatte.

Ich freute mich wie ein Kind, als der Lastwagen aus Frankreich bei uns ankam und ich Flow über die Laderampe hinausführen konnte. Astrid, das begeisterte Pferdemädchen aus unserem Dorf, schaute zu. „Wie schön sie ist, Nanda!", rief sie begeistert. Flow war tatsächlich wunderschön mit ihrem schlanken Körper, der langen Mähne und dem fuchsfarbenen Fell, das wie Gold in der Sonne glänzte. Ich überschüttete sie mit Streicheleinheiten, aber Flow stürzte sich vor allem auf das zarte Gras. Nach einer so langen Reise war das natürlich verständlich und ich ließ sie erst einmal ausgiebig fressen.

Als ich sie hinters Haus brachte und zu Eden und Hazel in den Auslauf ließ, erwartete ich beinahe magische Szenen. Ich fand es so besonders, dass die Tochter von Natasha nun definitiv mit Hazel zusammengebracht werden würde, bei der ich seit ihrer Geburt gefühlt hatte, dass sie eine Wiedergeburt von Natasha war. Was dann passierte, war allerdings alles andere als magisch und sorgte dafür, dass ich schnell wieder mit beiden Beinen auf der Erde stand. Eden und Hazel kamen neugierig und einladend auf Flow zu, die Stute aber ging sofort zum Angriff über. Sie hatte sich in der großen Herde von Marijke und Karel jahrelang unterordnen müssen und sah nun, dass ihre Chance gekommen war. Sie schien fest entschlossen, diesmal nicht wieder ganz unten in der Rangordnung zu enden, und vor allem Eden, die zu diesem Zeitpunkt die Leitstute war, musste viel einstecken. Flow jagte die gutmütige alte Stute durch den gesamten Auslauf. „Zeig es ihr, Eden, schlag zurück!", rief ich verzweifelt, aber Eden tat gar nichts. Sie ordnete sich auch nicht unter, sondern blieb ruhig und besonnen wie immer. Hazel folgte dem Vorbild ihrer Mutter und beantwortete das aggressive Verhalten von Flow genauso wenig.

Nach einer Stunde, die mir viel länger als eine Stunde vorkam, kehrte wieder Ruhe ein. Ich hatte Tränen in den Augen, als ich zu Eden ging und meine Arme um ihren Hals legte. „Es tut mir so leid, liebe Eden", flüsterte ich. „Ich hätte nie gedacht, dass sie so gemein zu dir sein würde." *Mach dir keine Sorgen, Nanda,* hörte ich Edens vertraute Stimme in meinem Kopf: *Flows aggressives Verhalten ist ein Ausdruck ihrer Unsicherheit und ich fühle mich dadurch in keinster Weise bedroht. Bleibe aber auf der Hut, und egal, was du tust, vertraue ihr nicht.*

(Foto: Shutterstock.com/skmj)

LEBENSENERGIE

In der kommenden Zeit wurde sehr deutlich, dass Eden der Neuen noch nicht vertraute, denn sie sorgte mit allem Einsatz dafür, dass sie nicht in Hazels Nähe kam. Als Flow sich etwas akklimatisiert hatte, begann ich mit ihr zu arbeiten, was anfänglich gar nicht so schlecht ging. Der Reitplatz, den ich hier habe, misst sechzehn mal sechzehn Meter und ich nutze ihn auch als eine Art viereckigen Roundpen, den man deshalb eigentlich Squarepen nennen könnte. Ich ließ Flow auf dem kleinen viereckigen Platz laufen, während ich selbst darauf achtete, genug Raum einzunehmen. Weil das für Menschen etwas schwieriger ist als für Pferde, schwang ich den Strick, um die Grenzen meines persönlichen Raums deutlich anzugeben. Ich verhielt mich damit nicht so, wie manche Trainer das tun, wie ein dominanter Alphahengst oder wie ein Raubtier, sondern ausschließlich so wie eine fürsorgliche, liebevolle Leitstute. Während ich den Strick schwang, ging ich dorthin, wo ich hinwollte, ohne dabei auf Flow zu achten. Dabei öffnete ich stets mein Herz und ließ meine Liebe fließen. Flow machte brav Platz für mich, wandte mir eines ihrer Ohren zu und begann schnell zu lecken und zu kauen – ein Zeichen, dass sie meine Führung akzeptierte. Eigentlich ging das rückblickend sehr schnell und leicht. Ich wunderte mich kurz darüber, dachte aber nicht weiter darüber nach. Es war doch einfach nur schön, dass sie so schnell bereit war, mir zu folgen.

Ich ging ruhig und etwas von ihr abgewandt zu ihr und legte meine Hand auf ihre Schulter, genau auf die Stelle, die ich den Kontakt- und Anteilnahmepunkt nenne. Den Teilnehmern meiner Workshops erkläre ich immer, dass dieser Moment der Berührung essenziell ist. Wenn du ein Pferd an diesem Punkt berührt, nachdem man erst genügend Raum eingenommen hat, wird sich das Herz des Pferdes für dich öffnen. Wenn dein eigenes Herz auch offen ist für das Pferd, kann in diesem magischen Moment ein Herzenskontakt entstehen. Ein zarter, rührender und liebevoller Fluss verbindet dein Herz dann mit dem Herzen des Pferdes, was sich physisch so anfühlt wie ein Prickeln in der Gegend des Herzchakras, vorn auf deiner Brust. Danach wird das Pferd dir überallhin folgen, wobei das Zustandekommen des Herzenskontakts dabei das größte Geschenk ist.

Als ich Flow berührte, explodierte mein Herz beinahe, so froh und glücklich war ich darüber, dass die Tochter von Natasha nun bei mir war, und mein Herz floss über mit meiner Liebe für sie. Aber Liebe macht auch blind ... Bei keinem anderen Pferd würde ich so etwas Wichtiges übersehen, bei Flow aber wollte ich so gern, dass sie mir ihr Herz schenkte, dass ich nicht objektiv und schon gar nicht professionell sein konnte. Flow öffnete ihr Herz nicht für mich, der Herzenskontakt war nicht gegenseitig. In meiner großen Begeisterung setzte ich mich darüber einfach hinweg. Ich begann zu laufen und war froh, dass Flow mir gleich folgte.

Einige Jahre zuvor hatte mir Kyle, ein amerikanischer Natural-Horsemanship-Trainer, von dem ich viel gelernt habe, erzählt, dass es Pferde gibt, die kecken, kauen und folgen, als Zeichen, dass sie die Führung akzeptiert haben, obwohl dies gar nicht der Fall ist. Damals konnte ich das fast nicht glauben, weil es besonders typisch für Pferde ist, dass sie keine Spielchen spielen, sondern immer ehrlich und authentisch sind. Obwohl es glücklicherweise nur selten vorkommt, war es mir seitdem viel häufiger begegnet. Meistens betraf dies Pferde, die schon früh in ihrem Leben Kontakt mit Menschen hatten und die viel Vertrauen, aber relativ wenig Respekt entwickelt hatten. Manche männlichen Trainer nennen solche Pferde Frauenpferde, was ich als Frau allerdings nicht gutheißen kann. Menschenpferde scheint mir ein besserer Ausdruck für Pferde, die sich allzu vertraut mit der Menschenwelt fühlen.

Bei solchen Pferden ist es eigentlich gar nicht nötig, sie in ihrer eigenen Sprache anzusprechen, weil sie gelernt haben, unsere Sprache fließend zu beherrschen. Spricht man sie doch in ihrer eigenen Sprache an, weil man sie auf natürliche Weise ausbilden will, kann es passieren, dass das Pferd einen austrickst. Wenn das immer wieder geschieht, kann es tatsächlich vorkommen, dass ein Pferd ein Spielchen mit einem spielt und genau die Signale gibt, auf die man hofft. Nicht, weil es das wirklich so wahrnimmt, sondern einzig und allein, weil es verstanden hat, dass es dann nicht mehr weiterarbeiten muss.

Die Arbeit auf dem Reitplatz war nicht mein einziger Referenzpunkt. Es gab mehr Signale, die ich aufgrund meiner Liebe und meiner Emotionen völlig ausblendete. Als Flow angekommen war, hatte ich auch ihre Chakren gefühlt, um auf diese Weise ein klares Bild von ihr zu bekommen. Dabei ging ich nach der Methode vor, die ich auch in meinem Buch *Die Lebensenergie der Pferde* beschrieben habe. Aber auch in diesem Buch erläutere ich, dass es bei den eigenen Pferden, bei denen man emotional beteiligt ist, oft schwierig ist, objektiv zu bleiben.

Flows Basis- oder Wurzelchakra, bei dem ich die Verbindung mit der Erde fühle, war sehr stark und zeigte, dass sie voller Vertrauen im Leben stand. Ich sah sie wie eine kräftige Eiche mit tief in die Erde reichenden Wurzeln. Es gab nicht viel, was sie aus dem Gleichgewicht bringen konnte. Sie war ein Pferd, das sehr gut bei sich selbst sein konnte und sehr standfest war. Das bessere Wort für die enorme selbstbewusste Kraft, die ich bei ihr fühlte, war Trotz.

Das Sakralchakra, bei dem ich alles fühlen kann, was sich auf die Weiblichkeit der Stute bezieht und wo ich Eigenschaften wie Mütterlichkeit spüre, war bei Flow noch nicht entwickelt. Sie fühlte sich an dieser Stelle an wie eine Prinzessin, die immer in Watte gepackt wurde und dadurch selbst noch keine Sorge für andere übernahm. Eigentlich wie ein verwöhntes kleines Mädchen und nicht wie eine fürsorgliche erwachsene Frau.

Beim Solarplexus, wo ich den allgemeinen emotionalen Zustand, aber auch eventuelle emotionale Belastungen spüren kann, war das, was ich fühlte, für ein Pferd von zehn Jahren viel zu schwach. Flow war ein klassisches Beispiel für ein Pferd, das immer vom Menschen auf Händen getragen wurde und dadurch nicht gelernt hatte, selbst auch anderen zu dienen. Die Energie kam an dieser Stelle sogar ablehnend nach außen, so wie man es auch sieht, wenn ein Pferd stark im Widerstand ist und anfängt zu bocken. Flow brauchte deutliche Grenzen und Erziehung, um wieder ins Gleichgewicht zu kommen.

Das würde letztendlich auch sie selbst glücklicher machen. Sie war jetzt zwar relativ zufrieden, weil es ihr an nichts fehlte, aber die tiefe Erfüllung, die Pferde erfahren, wenn sie dem Menschen wirklich etwas bedeuten können, war ihr völlig fremd.

Das Herzchakra von Flow, bei dem ich die Liebe eines Pferdes fühle, war nicht beeindruckend. Bei den meisten Pferden ist es eine sehr berührende Erfahrung, wenn man an dieser Stelle bedingungslose Liebe spürt. Bei Flow fühlte es sich dagegen nahezu neutral an. Ihr Herz war nicht gebrochen und auch nicht verschlossen, aber es hatte insgesamt wenig zu geben. Die Energie ging hier vor allem nach innen, nicht nach außen. Außerdem fühlte sich ihr Herz unruhig an, so als wüsste es noch nicht, wo es zu Hause war.

Beim Kehlchakra kann ich unter anderem fühlen, in welchem Maß ein Pferd in der Lage ist, mithilfe seiner Körpersprache und seinem Verhalten zu kommunizieren. Flow konnte meisterhaft zeigen, was ihr passte und was nicht, sie hatte jedoch nie gelernt, auch einmal zuzuhören. Die hier spürbare Energie war dadurch besonders stark, aber keinesfalls im Gleichgewicht.

Als ich beim Stirnchakra angelangt war, erschrak ich. Hier spüre ich die Intelligenz, die Sensibilität und die geistige Offenheit eines Pferdes. Flow war ganz bestimmt sehr intelligent und auch äußerst intuitiv, aber es war so, als ob sich an dieser Stelle eine harte, undurchdringbare energetische Schicht gebildet hätte. Dadurch konnte sie nicht mehr offen für ihr Umfeld sein. Es fühlte sich fest und unbeweglich an, so als ob sich bestimmte Erfahrungen in ihrem Kopf und in ihrem Denken festgesetzt hätten und sie sich nicht mehr beeinflussen ließ.

Das Kronenchakra, bei dem ich die Verbindung mit dem Himmlischen spüre, war gut geöffnet, so wie es bei den meisten Pferden der Fall ist. Flow wusste um ihre Verbundenheit mit dem Universum, aber der Schwerpunkt lag deutlich auf der Erde.

Nach einer solchen Sitzung hätte ich dem Besitzer geraten, äußerst vorsichtig zu sein und dieses Pferd nicht einfach so zu reiten. Ich hätte ihm gesagt, dass dies ein gefährliches Pferd ist, unberechenbar, unbeeinflussbar und stur. Aber weil es Flow betraf, das Fohlen von Natasha, das auf wunderbare Weise seinen Weg in mein Leben gefunden hatte, bedeckte ich alles mit dem Mantel der Liebe. Irgendwie war ich davon überzeugt, dass sie sich bei mir anders verhalten würde – sie war jetzt schließlich mein Pferd und der Spiegel meiner Seele. Ihre Fähigkeit, sich selbst treu zu bleiben und entschlossen ihren eigenen Weg zu gehen, hatte sie zu mir gebracht. Ich verstand sie, bei mir konnte sie sich zu Hause fühlen, deshalb erwartete ich, dass sie ihre dickköpfige und unbeugsame Haltung bei mir ablegen würde.

Eden beschützte Hazel weiterhin vor Flow, und immer, wenn ich in ihrer Nähe war, hörte ich sie in Gedanken flüstern: *Vertrau ihr nicht, vertrau ihr nicht…*

In der Vergangenheit war es immer meine Aufgabe gewesen, Eden Vertrauen zu geben. Deshalb ging ich in diesen Momenten gewohnheitsmäßig zu ihr, um sie zu beruhigen. „Liebe, liebe Eden", sagte ich dann, „mach dir keine Sorgen. Natürlich können wir Flow vertrauen, schließlich ist sie das Fohlen von Natasha. Wirklich, Eden, du brauchst keine Angst zu haben, sie wird mir oder Hazel nichts tun. Wir müssen ihr einen neuen Start ermöglichen."

Nach intensiver Frei- und Bodenarbeit ritt ich Flow auch auf dem Reitplatz. In den letzten paar Jahren war sie nur noch mit Gebiss geritten worden, und obwohl Marijke mir versichert hatte, dass nie Druck auf das Gebiss ausgeübt worden war, lief sie damit trotzdem völlig aufgerollt. Das wollte ich vor allem vermeiden. Wenn ein Pferd sich aufrollt, drückt es seinen Rücken weg, und dann ist es verständlich, dass es nach kurzer Zeit genug davon hat, geritten zu werden. Ich ritt Flow deshalb mit einem Knotenhalfter, sodass sie entspannt laufen konnte und auf diese Weise hoffentlich schnell merkte, dass das Ganze auch Spaß machen konnte. Mein Bob-Marshall-Westernsattel ohne Baum passte ihr perfekt und bald ritt ich sie in allen drei Gangarten entspannt auf dem Platz. *Siehst du,* dachte ich mir, *du wirst sehen, dass es dir einfach guttut, bei mir zu sein.*

(Foto: Christiane Slawik)

AUF LEBEN UND TOD

Ein Pferd lernt sich selbst über die Art kennen, in der wir es betrachten. In den letzten Jahren wurde Flow immer als ein Pferd gesehen, dem man nicht vertrauen konnte und das unvermittelt anfangen konnte zu bocken. Auch kleine Kinder, denen man immer sagt, sie seien frech, können quasi nicht mehr anders, als sich auch so zu verhalten, wie das Bild ist, das man von ihnen hat. So ist es eigentlich nicht verwunderlich, dass sich Flow genau so benahm, wie man es von ihr erwartete, und somit auch zum jetzigen Zeitpunkt ein Pferd blieb, dem man nicht vertrauen konnte. Ich aber wollte Flow die Chance geben, bei mir ganz neu anzufangen, mit einem Menschen, der kein voreingenommenes Bild von ihr hatte. Natürlich war ich sehr aufmerksam und vorsichtig, denn alte Verhaltensmuster lassen sich nicht immer unbedingt so einfach abstreifen, aber ich war vor allem voller Vertrauen und Zuversicht.

Eden hatte noch immer kein Vertrauen, obwohl ich sie immer wieder beruhigte. Wenn ich Flow auf dem Platz ritt, schaute sie über die Umzäunung und folgte allen unseren Bewegungen. Sie ließ Flow dabei nicht aus den Augen. Beim kleinsten Anlass, der vermuten ließ, dass Flow nicht machte, was ich wollte, machte Eden ein tiefes und unmissverständlich abfälliges Geräusch, so als ob sie vor sich hin schimpfte.

Ich hatte bis dahin noch keinen Ausritt mit Flow gemacht. Da ich dieses Unterfangen aber möglichst bald angehen wollte, um Flow zu zeigen, wie schön es sein kann, geritten zu werden, beschloss ich, sie für den Anfang als Handpferd mit ins Gelände zu nehmen. Unterwegs achtete ich darauf, dass sie immer meinen Raum respektierte und brav hinter mir blieb. Wenn sie das nicht tat, ritt ich eine Volte, sodass sie von selbst wieder hinter mir laufen musste, oder richtete sie einige Schritte rückwärts.

Als dies zwei Wochen lang gut klappte, fand ich, dass es an der Zeit war, sie auf einem Ausritt auch zu reiten. Ich hatte Astrid und ihre brave Haflingerstute Diana gebeten, uns an diesem Tag zu begleiten. Unerschütterlicher als Diana konnte ein Pony nicht sein, für uns also die beste Begleitung, die wir uns wünschen konnten.

Während des Ausritts hatte ich eigentlich gar nicht den Eindruck, dass Flow unterwegs arg ängstlich war. Es ging besser, als ich erwartet hatte. Das Einzige, was ich spürte, war die Anspannung ihrer Muskeln, wenn wir an anderen Pferden vorbeikamen. Einen kurzen Moment schien es dann so, als ob sie das Handtuch werfen und durchgehen würde. Ich freute mich darüber, dass ich sie trotzdem bei mir halten konnte, ohne den Kontakt zu ihr zu verlieren. Dafür brauchte ich kein Gebiss, sondern ausschließlich meinen Fokus und eine natürliche Überlegenheit.

Astrid und ich ritten zweimal zusammen aus und alles lief gut. Ich konnte Flow in allen Gangarten reiten und sie auch immer wieder zurücknehmen. Auch in Situationen, in denen sie angespannt reagierte und es leid zu sein schien, konnte ich alles wieder ins Lot bringen.

Es war Hochsommer und am kommenden Samstag sollte das Thermometer die 30°C-Marke überschreiten. Astrid rief mich an, um zu fragen, ob ich Lust auf einen Ausritt hätte. Es gab einige Mädchen aus dem Dorf, die zusammen in das nahe gelegene Naturschutzgebiet reiten wollten. Ich zweifelte, ob ich Flow oder Hazel mitnehmen sollte. Es war außergewöhnlich warm und wir würden in einer Gruppe reiten, was Flow noch nicht mitgemacht hatte. Astrid fragte, ob sie auf Hazel reiten dürfe, was sie ein paarmal getan hatte und was immer gut geklappt hatte. Inge, ein anderes Pferdemädchen aus unserem Dorf, wollte auch gern mitreiten, aber ihr Pony hatte gerade ein Fohlen bekommen. Astrid hatte sich deshalb überlegt, dass Inge auf Diana reiten könnte, wenn sie auf Hazel reiten durfte. Außerdem sollte Anne noch mit ihrem gutmütigen Haflingerwallach mitkommen. So kam es, dass ich mich dafür entschied, auf Flow mitzureiten.

Eines der wichtigsten Dinge, die ich im Umgang mit Pferden gelernt habe, ist, dass man nie einen Schritt überspringen sollte. Jedem anderen hätte ich geraten, dass es besser wäre, an diesem Punkt der Ausbildung noch nicht mit einer Gruppe auszureiten, weil man sich nicht ausschließlich auf das Pferd konzentrieren kann. Genau das ging an diesem Tag dann auch schief.

Ich war zwar einige Wochen vorher vierundvierzig Jahre alt geworden, fühlte mich innerlich aber manchmal wie ein junges Pferdemädchen. Ich genoss wie früher das wunderbare sommerliche Wetter und alle Gespräche über Pferde, Pferde und nochmals Pferde. Auf diesem Ausritt gab es auch nur ein Thema. So freute ich mich unter anderem über Astrid, die mit Hazel so ein gutes Team abgab, und fragte Inge ausführlich über die Geburt des Ponyfohlens aus.

Wir ritten erst zu zweit nebeneinander über kleinere Landwege, bis wir das Tor zu einem großen Wald- und Heidegebiet erreicht hatten. Der anschließende breite Sandweg war sehr einladend für einen ausgestreckten Galopp, sodass wir schnell am Wasser sein würden, welches am Ende des Weges auf uns wartete. Ich galoppierte mit Flow voraus und war glücklich, ausgelassen und entspannt.

Siehst du, Flow, sagte ich in Gedanken zu ihr, *es ist gar nicht so schlecht, ein Reitpferd zu sein. Du hast bei mir ein wunderbares Leben, wirst nur mit einem Knotenhalfter und einem baumlosen Sattel geritten und wir streifen zusammen durch die Natur. Gibt es etwas Schöneres? Wir werden eine richtig tolle Zeit zusammen haben, liebe Flow, das wirst du sehen.* In meinen Gedanken kam keine Antwort von Flow, so wie ich es von Eden und auch von Hazel gewöhnt war. Ich machte mir darüber aber keine Sorgen, das würde sicher noch kommen.

Am Ende des breiten Sandweges trabten wir über einen kleinen gewundenen Pfad über die Heide, bis wir ans Wasser kamen. Dort angekommen klopfte mein Herz vor lauter Freude bis zum Hals. Anne und Inge gingen sofort mit ihren Ponys ins tiefe Wasser, während Astrid mit Hazel noch etwas im flacheren Bereich blieb. Ich stand mit Flow am Rand des Sees und wollte es ihr eigentlich selbst überlassen, ob sie an dem Tag auch ins Wasser wollte. Mein einziges Ziel war es heute, sie erfahren zu lassen, wie schön es ist, zusammen unterwegs zu sein. Ich hatte die Zügel, die ich am Knotenhalfter befestigt hatte, locker in einer Hand, während ich mich mit meinem Ellenbogen auf dem Sattelhorn abstützte.

Als ich den Mädchen mit ihren badenden Ponys zuschaute, wanderten meine Gedanken automatisch zurück in meine eigene Vergangenheit. Ich dachte an die vielen Stunden, die ich mit Natasha in einem wunderschönen Heidegebiet erlebt hatte, und daran, wie herrlich sie es fand, im dortigen See zu schwimmen. „Deine Mutter spritzte alle nass, indem sie mit ihren Vorderbeinen ausholte und damit ins Wasser schlug", erzählte ich Flow, während ich ihre Mähne streichelte. „Sie ging immer so tief ins Wasser, dass sie ab einer bestimmten Stelle richtig schwimmen musste. Vielleicht gefällt es dir genauso gut wie ihr. Willst du es mal ausprobieren?"

Ich richtete mich auf und legte meine Beine an, um zu schauen, ob Flow ihrer Mutter auch in dieser Hinsicht ähnlich war. Kurz schien es so, als würde ich recht behalten, denn sie ging ziemlich schnell ins Wasser, bis es ihr fast bis zum Vorderfußwurzelgelenk reichte. Ich war erfreut, dass sie so spontan dazu bereit war, und klopfte begeistert ihren Hals. „Siehst du, wie schön das ist?", sagte ich froh.

Genau in diesem Moment passierte es. Flow explodierte.

Sie explodierte so schnell, dass ich nicht mehr reagieren konnte. Ich spürte keine Angst oder Panik bei ihr, sondern ausschließlich Ärger und Frust – so als wäre sie es plötzlich vollkommen satt, nachdem sie zwei Wochen lang brav gewesen und nun fast so weit war, dass sie anfing, Spaß an der Sache zu bekommen und die neue Situation zu akzeptieren.

Jetzt ist Schluss!, hörte ich sie in meinen Gedanken, und gleich darauf: *Runter mit dir!* Gleichzeitig bockte sie so hoch und so gemein, dass ich überhaupt keine Chance hatte.

Alles fühlte sich ein wenig an wie Zeitlupe und ich hatte noch genug Zeit, darüber nachzudenken, dass ich glücklicherweise meine Reitkappe aufgesetzt hatte. Ich hatte noch überlegt, ob ich das wirklich tun sollte, denn bei 30° C ist es viel schöner, den Wind in den Haaren zu spüren. Ich war auch froh darüber, dass ich in Irland in einen hochwertigen Jockeyhelm investiert hatte, als ich dort einige Zeit Rennpferde im Gelände bewegte. Diese Investition zahlte sich sicher jetzt aus.

Ich würde es wirklich jedem empfehlen, egal wie eng sein Band mit seinem Pferd ist, in die eigene Sicherheit zu investieren, wobei ein guter Reithelm erst der Anfang ist. Viel wichtiger ist meiner Meinung nach eine solide und auf Vertrauen und Respekt aufgebaute Ausbildung des Pferdes, sodass Situationen wie diese von vornherein vermieden werden können.

Ich verfluchte auch meinen an sich so tollen Sattel, weil ich noch immer nicht hinuntergefallen war. Normalerweise ist es wunderbar, die meisten Bocksprünge oder unerwarteten Bewegungen des Pferdes mühelos aussitzen zu können. Jetzt aber war mir bewusst, dass Flow erst dann aufhören würde, ihren Rücken zu krümmen und eine Art Handstand zu machen, wenn ich auf dem Boden liegen würde, und das dauerte für mein Gefühl eine halbe Ewigkeit.

Wir waren auch leider schon lange wieder auf dem Trockenen, sodass auf meinen unvermeidbaren und kurz bevorstehenden Fall eine unsanfte Landung folgen würde. Auf dem letzten Bild, das ich von diesem Moment noch im Kopf habe, hänge ich etwa einen Meter über dem Boden nur noch halb im Sattel. Ich sah Flows Hufe in alle Richtungen treten, und einer davon näherte sich geradewegs meinem Kopf, der Gott sei Dank vom Jockeyhelm geschützt wurde.

Und dann ging das Licht aus.

(Foto: Shutterstock.com/AsyaPozniak)

(Foto: Shutterstock.com/Andrzej Kubik)

EINE HARTE EINSICHT

Als ich mich wieder an alles erinnern konnte, gab es eine Sache, die mich ungemein beunruhigte: Ich spürte kein Gefühl von Angst bei Flow, keine Angst und auch keine Panik.

Da ich ein Leben lang Pferde geritten und trainiert hatte, war dies nicht mein erster Sturz von einem Pferd. Bislang haben sich diese Stürze immer wie eine Art Missgeschick oder Versehen angefühlt und nie wie pure Absicht. Ein Pferd ist und bleibt nun mal ein Fluchttier, und manchmal tut es in einem Anflug von Angst etwas, das den Reiter zu Fall bringt. Oft erschrickt das Pferd dabei genauso sehr wie der Reiter. In solch einem Fall kann man es seinem Pferd nicht mehr wirklich übel nehmen. Im Gegenteil – ich hatte nach einem Sturz immer viel mehr das Gefühl, selbst etwas falsch gemacht zu haben, und dafür entschuldigte ich mich beim Pferd.

Ich habe noch nie erlebt, dass ein Pferd mich ungeachtet meiner reinen Intentionen und aufrichtiger Anteilnahme so kaltblütig und schonungslos abgebockt hat, wie Flow es gerade getan hatte. Dies gepaart mit der Erkenntnis, dass Flow zu keinem Zeitpunkt während des Bockens Angst oder Panik verspürt hatte und auch jetzt keinerlei Reue zeigte, ließ mich meine bisherige Herangehensweise an die Probleme mit Flow noch einmal überdenken.

Auch jetzt begriff ich durchaus, dass ich einen großen Einschätzungsfehler begangen hatte. Ich hatte Flow viel zu schnell mein ganzes Vertrauen geschenkt. Ich hatte ihr mehr Freiheit gegeben, als sie in diesem Moment händeln konnte. Ich war durch die Liebe zu ihr blind geworden. Die Geschichten, die ich von ihr hörte, hatte ich nicht glauben wollen, weil ich so gern an das Gute in ihr glauben wollte. Dass sie mich so gnadenlos abgebockt und sogar noch nachgetreten hatte, tat mir nicht nur physisch, sondern auch emotional sehr weh.

Ich hatte ein enormes Verlangen, sie zu sehen, und weil ich fast nicht laufen konnte, half mir Hans, den Weg von meiner Bank bis zur Weide zu bestreiten. Der Garten hinter unserem Haus hat eine etwas seltsame Form: Der erste Teil ist schmal, aber dann wird es wieder überraschend breit. Ein langer Pfad führt zuerst in den Garten, der durch eine Buchenhecke von dem Reitplatz und der Weide getrennt ist. Als ich durch das Tor in der Buchenhecke trat, sah ich Eden, Hazel und Flow auf der Weide stehen. Flow schaute gleich hoch, und den Ausdruck, der in dem Augenblick in ihren Augen lag, werde ich nie vergessen. Sie schaute so, als hätte sie einen Geist gesehen, so als hätte sie gedacht, mich niemals mehr wiederzusehen. *Ich dachte, dass ich mit dir abgerechnet hatte*, hörte ich ihre Stimme zu meinem Entsetzen in meinen Gedanken sagen. Es lag keine Verurteilung in ihren Worten, es war nichts Persönliches, aber es war natürlich auch absolut nicht das, was ich hören wollte. Mir fiel aber noch etwas anderes auf: Eden graste ruhig vor sich hin und hatte scheinbar nicht mehr die Absicht, Hazel vor Flow zu schützen.

Die weise alte Stute hatte mich inzwischen auch bemerkt und kam auf mich zu. Mit ihrer samtweichen Nase berührte sie mich sanft. *Jetzt weißt du es selbst, oder, Nanda?*, hörte ich ihre vertraute Stimme in meinem Kopf, während ein Strom herzergreifender und fürsorglicher Liebe über mich hinwegfloss. „Ja, liebe Eden", antwortete ich, „jetzt hab ich es auch verstanden. Ich hätte auf dich hören sollen." Die Liebe, die mir Eden in dem Moment zukommen ließ, tat so gut, und so streichelte ich Eden noch eine Weile, ehe ich mich wieder von Hans ins Haus bringen ließ.

An viel mehr kann ich mich von diesem Tag nicht mehr erinnern. Ich war enttäuscht, müde und gebrochen. Hans hat die Pferde und Kinder versorgt und ich hab mich wieder auf die Bank gelegt, um mich auszuruhen. Gegen zehn Uhr abends habe ich mich dann nach der Einnahme von ein paar Aspirin unter die Decke verkrochen. Schnell fiel ich in einen tiefen Schlaf und wurde mir, wie so oft, nach einiger Zeit der anderen Realität bewusst.

Inzwischen war es Nacht. Der Mond schien hell und ich sah die Sterne am Himmel. In meinem Traum stand ich vor dem Stall von Flow.

Als ich damals von Eden hinuntergefallen war und danach von ihr träumte, war das eine sehr tröstende und heilende Erfahrung für mich gewesen, aber diesmal fühlte es sich für mich total anders an. *Wieso bin ich noch hier?*, fragte mich Flow in diesem Traum sehr gereizt. *Wieso wurde ich denn nicht auf die große Wiese gebracht? Ich hab dir doch wohl deutlich genug gezeigt, dass es mir reicht. Wieso wurde ich denn noch nicht belohnt? Muss ich etwa noch deutlicher werden?*

Als ich am nächsten Morgen erwachte, waren die Eindrücke des Traums noch frisch in meinem Gedächtnis. Erst jetzt realisierte ich, wie weit sich Flow mittlerweile von ihrer wahren Natur entfernt hatte und wie festgefahren ihre alten Verhaltensmuster wirklich waren. Ihr einfach nur mit viel Liebe und voller Vertrauen zu begegnen, würde in diesem Fall vermutlich nicht genug sein. Das erste Mal, als ich mit ihr telepathisch in Kontakt getreten war, hatte sie mir eine Weggabelung gezeigt. Folgt sie dem einen Weg, würde sie weiterhin dicht bei Marijke sein; folgt sie dem anderen Weg, würde dies sie von Marijke entfernen und näher zu mir bringen. Doch dies war nun auch schon ein paar Jahre her, und ich bin mir nicht sicher, ob wir nicht schon längst an der Weggabelung vorbeigelaufen sind und ob es überhaupt noch eine Möglichkeit beziehungsweise einen Weg gab, auf dem Flow mir näherkommen würde.

In all den Jahren war sie den Menschen immer einen Schritt voraus gewesen. Die Idee, dass sie für schlechtes Benehmen mit einem Urlaub belohnt werden würde, war bei ihr zu einer tief verwurzelten Überzeugung geworden. Dieses schlechte, angelernte Benehmen war ein Teil ihres Wesens geworden. Ihr Verhalten entsprang also nicht mehr aus dem negativen Bild, das die anderen Leute von ihr hatten, so wie ich es zu Anfang vermutet hatte. Aus diesem Grund konnte sie es auch nicht mehr so einfach ablegen. Es würde also noch ziemlich viel Arbeit bedeuten, um aus ihr ein liebes, vertrauenswürdiges und folgsames Reitpferd zu machen.

(Foto: Shutterstock.com/Konstantin Tronin)

JETZT ERST RECHT

„Ich *muss* Flow reiten", sagte ich zu Hans, als ich meine Augen öffnete. „Ich muss sie so schnell wie möglich wissen lassen, dass ich so ein Verhalten nicht toleriere und sie sich bei mir anders benehmen muss." Dass Reiten für mich momentan noch keine Option war, merkte ich an meinem Steißbein, sobald ich aus dem Bett stieg. Ich konnte noch nicht mal normal auf einem Stuhl sitzen, geschweige denn auf ein Pferd steigen.

Wie genau ich es gemacht habe, weiß ich nicht mehr, aber ich habe noch am selben Morgen Flow auf dem Reitplatz gearbeitet. Auch wenn ich nicht auf ihrem Rücken sitzen konnte, so war es mir doch möglich, sie zu arbeiten. Diesmal war ich aber nicht die nette Stute, sondern eher wie ein selbstbewusster Hengst, der nicht zu Spielen aufgelegt war. Auch Flow fühlte, dass dies jetzt kein Spiel mehr war, das sie mit Leichtigkeit gewinnen konnte, indem sie die gewünschten Signale zeigte. Dieses Mal war es hart auf hart. Flow bockte und stieg; der Sand flog und wir waren beide schweißnass vor Anstrengung. Ich habe mich wirklich gefragt, ob ich diesen Streit überhaupt gewinnen konnte. Zwischendurch musste ich mich öfter am Zaun festhalten, weil mir immer noch sehr schwindelig war.

Als Flow endlich ihren Widerstand aufgab, ihren Kopf etwas tiefer hielt und ein wenig anfing zu lecken und zu kauen, war es immer noch nicht von Herzen, aber erstmal musste ich mich damit begnügen. Ich hatte ihr auf jeden Fall gezeigt, dass so ein Benehmen bei mir nicht mit einem Rundum-sorglos-Urlaub auf der großen Weide belohnt werden würde. Sie wusste jetzt, dass sie mich noch nicht los war, und darüber sollte sie erst mal nachdenken.

Gegen elf Uhr abends läutete das Telefon. Es war Tineke, die Mutter von Inge. Inge hatte zu Hause ihrer Mutter die ganze Geschichte über meinen Sturz vom Vortag erzählt, und Tineke wollte wissen, wie es mir geht.

Ich kannte Tineke erst seit Kurzem. Durch Zufall hatte sie vor ein paar Wochen mein Buch *Die Seelenkraft der Pferde* gelesen. Als große Tier- und Pferdeliebhaberin hatte mein Buch sie derart berührt, dass sie mir sofort eine E-Mail geschrieben hatte. „Sehr geehrte Frau van Gestel", hatte sie die E-Mail ganz formal begonnen, „nachdem ich Ihr Buch gelesen habe, würde ich Sie gern einmal treffen, und es würde mir auch nichts ausmachen, dafür ganz nach Irland zu reisen."Als klar wurde, dass ich inzwischen wieder in den Niederlanden wohnte und dann auch noch im gleichen Dorf wie sie, war die Überraschung groß. Ihre Kinder schienen meine bereits zu kennen und ihre Tochter hatte mich auch schon kennengelernt. Eine Verabredung zum Teetrinken war somit schnell getroffen. Daraufhin hatte Tineke mein Buch an einige ihrer Freundinnen verschenkt. Unter ihnen war auch Ellen, eine fantastische und sehr enthusiastische Pferdefrau. Ellen war gerade zu Besuch bei Tineke und hatte schon angedeutet, dass sie es sehr schön finden würde, wenn auch sie mich und meine Pferde während ihres Aufenthalts hier kennenlernen könnte.

„Wenn es dir nicht passt, musst du das ehrlich sagen, Nanda", hatte Tineke noch gesagt. Ich hatte aber nichts dagegen. Ganz im Gegenteil, ich trage mein Herz auf der Zunge und bin froh, meine Geschichte noch mal erzählen zu dürfen. So kam es, dass Tineke und Ellen kurz nach dem Mittagessen vor meiner Tür standen. Zu dritt liefen wir hinter das Haus, um erst die Pferde anzugucken. Dort angekommen war Ellen absolut begeistert. Sie lief sofort auf Eden zu und ich sah, wie ihr die Tränen kamen, während sie das Pferd streichelte. Dann begrüßte sie auch Hazel und Flow.

„Sieh mal, wie sie dort stehen", sagte sie gerührt. „Ist es nicht etwas ganz Besonderes, dass Fleur, jetzt Flow, auch hierhergekommen ist? Schöner kann man es sich nicht ausmalen. Erst Natasha, dann Eden und jetzt hier die neue Generation, Hazel und Flow, ihre beiden Töchter." Ellen schaute mich strahlend an und ich lächelte gequält zurück. In diesem Moment war ich mir nicht sicher, ob ich das auch alles so großartig fand wie sie.

„Wirst du über Flow auch ein Buch schreiben?", fragte Ellen in ihrer unerschütterlich positiven Art weiter. „Ein schönes Buch würde das werden", sagte ich leicht sarkastisch. „Dann kann ich schreiben, dass ich sie unterschätzt habe, heftigst von ihr hinuntergefallen bin und dann nicht sicher war, ob ich sie überhaupt behalten will."

Ellen, die, wie sich später herausstellte, auch unter den widrigsten Umständen immer positiv blieb, ignorierte meinen verbitterten Unterton komplett. „Aber das ist doch nur das erste Kapitel", erzählte sie fröhlich weiter. „Damals klappte mit Eden auch nicht alles auf Anhieb. Aber genau das hat das Buch so schön gemacht. Und im letzten Kapitel habt ihr dann richtig zueinandergefunden und alles hat sich zum Guten gewendet. Genauso machst du das auch mit Flow, und dann ist es doch auch ein klasse Buch."

Ich glaube, ich habe Ellen so angeguckt, als würde ich Wasser brennen sehen, denn das schlussendliche Happy End sah ich noch absolut nicht vor mir. „Vielleicht schicke ich sie mit einem One-Way-Ticket zurück nach Frankreich", sagte ich niedergeschlagen. „Dann soll sie halt ihr Leben lang gemütlich auf der Weide stehen, wenn sie das so gern möchte." „Nein, das wirst du nicht machen", sagte Ellen überzeugt. „Flow gehört einfach hierher. Es muss so sein. Und sie ist auch ein wunderschönes Pferd. Ach, wie toll wäre es, Flow mal zu reiten."

„Meinst du das ernst?", fragte ich begierig. „Würdest du sie wirklich reiten wollen? Würdest du sie vielleicht gleich jetzt reiten wollen?" Es würde noch mindestens ein paar Tage dauern, bis ich (unter großer Mühe und mit großen Schmerzen) wieder im Sattel würde sitzen können. Obwohl ich Flow deutlich gemacht hatte, dass sie keinen Urlaub zu erwarten hatte, gäbe es nichts Besseres für sie, als jetzt geritten zu werden.

Ellen meinte es ernst. Sie arbeitete bereits jahrelang in einem Stall, wo sie frisch eingerittene Pferde trainierte. Außerdem hatte sie ihre Reitklamotten mit, und so verabredeten wir uns für den späten Nachmittag noch mal, damit sie Flow dann reiten könne.

(Foto: Stéphanie Kniest)

FLOW UND ELLEN

Als Ellen am Nachmittag kam, wollte ich sie nicht ganz ohne warnende Worte aufs Pferd lassen, schließlich sieht man der hübschen Fuchsstute nicht sofort an, dass sie es faustdick hinter den Ohren hat. „Sie könnte buckeln", warnte ich sie demnach noch, „aber heute Morgen habe ich mir mit ihr schon einen ordentlichen Kampf geliefert, und es würde mich nicht überraschen, wenn sie jetzt für eine Weile gut mitmacht."

Ellen versicherte mir, dass sie kein ängstlicher Mensch sei und dass sie Flow ohnehin nur im Schritt auf dem Reitplatz bewegen wolle. Schritt gehen, anhalten, ein paar Volten reiten, mehr nicht, und das auch nur für ungefähr zehn Minuten. Genau so, wie sie es sonst auch mit den gerade eingerittenen Pferden tat. Für mich klang das perfekt; genau richtig, um Flow zu zeigen, dass sie dem Gerittenwerden hier nicht so einfach entkommen konnte.

„Allerdings", so sagte sie ein wenig zögernd, „bin ich eine Reiterin der alten Schule. Ein Pferd auf natürliche Weise zu reiten, so wie du es machst, ohne Gebiss und so, finde ich zwar in der Theorie ganz nett, aber damit kenne ich mich gar nicht aus. Ich brauche einen Dressur- oder Vielseitigkeitssattel, eine Trense mit Gebiss, am liebsten auch ein Martingal und eine Gerte."

Ich musste erst mal schlucken. Mein ganzes Leben war eine Suche nach der größtmöglichen Freiheit für Pferde gewesen. Ich besaß nicht mal mehr eine Gerte und wollte erst recht niemals mehr eine benutzen. Mein alter Vielseitigkeitssattel (der damals zusammen mit Natasha an Marijke gegangen und jetzt zusammen mit Flow wieder zurück bei mir war) lag im Schuppen und daneben auch die alte Trense sowie ein Martingal. Ich fühlte, wie sich mein Magen zusammenzog bei dem Gedanken, dass Ellen, die jetzt etwas sehr Strenges bekam, Flow reiten sollte.

„Ich werde sie hart rannehmen", sagte Ellen, als ob sie meine Gedanken gelesen hätte. „Ich werde ihr keinen Millimeter geben. Da möchte ich kein Risiko eingehen. Sie muss einfach zuhören, und damit hat es sich." Ich zweifelte immer noch, aber dann fühlte ich wieder meinen pochenden Kopf und mein schmerzendes Hinterteil. Flow kommunizierte immerhin ebenfalls mit schweren Geschützen und war auch selbst ganz und gar nicht sanftmütig eingestellt. „Meinen Segen hast du", hörte ich mich sagen. „Hol deine Sachen und ich sattle sie dir in der Zwischenzeit."

Gesagt, getan, und eine Stunde später ritt Ellen Flow im Schritt wie eine strenge Lehrerin über den Reitplatz. Flow wehrte sich kurz und wollte ein paarmal steigen, beschloss dann aber doch, das kleinere Übel in Kauf zu nehmen. Mit sichtlichem Widerstreben schritt Flow am kurzen Zügel mit Ellen zehn bis fünfzehn Minuten lang über den Platz. Nachdem Ellen abgestiegen war und Flow Sattel und Zaumzeug abgenommen hatte, sah ich, wie Flow ihr tatsächlich ein paar Schritte folgte, ehe sie sich umdrehte und sich wälzte. In diesem Augenblick wurde mir klar, dass Flow diese „härtere" Methode half. Aber war sie dann bei mir am richtigen Ort? Meine Qualitäten liegen auf einem ganz anderen Gebiet. Ich konnte mir beim besten Willen nicht vorstellen, tagein, tagaus mit Flow dressurmäßig über den Reitplatz zu reiten. Das war einfach nicht das, wofür mein Herz schlug.

Am nächsten Tag kam Ellen wieder vorbei, um Flow zu reiten. Auch dieses Mal ritten sie zusammen zehn Minuten lang am kurzen Zügel im Kreis. Es war deutlich, dass Flow damit nicht glücklich war, aber sie ließ es über sich ergehen.

Ich war in der Zwischenzeit bei meinem Hausarzt gewesen und mein Schwindelgefühl war größtenteils verschwunden. Der Schmerz an meinem Steißbein könnte noch einige Zeit anhalten, doch daran würde ich leider nichts ändern können. Es musste von selbst heilen. Jetzt, da ich das wusste, probierte ich vorsichtig aus, wie ich am besten sitzen konnte. Als ich wieder einigermaßen auf einem Stuhl sitzen konnte, probierte ich es auch auf einem Sattel aus, der noch auf dem Bock lag. Einigermaßen ungeschickt, mit einem ins Hohlkreuz gezogenen Rücken und einem komisch nach hinten herausstehenden Hinterteil, gelang es mir, im Sattel Platz zu nehmen. Wenn das so auf dem Bock klappte, musste es auch auf einem Pferd gehen. Ich kann mich nicht daran erinnern, dass ich jemals Angst davor hatte, auf ein Pferd zu steigen, aber ich merkte, dass ich mich dieses Mal doch etwas davor fürchtete, wieder auf Flows Rücken zu klettern. Zum Glück hatte ich Hazel, die mir über meine Angst hinweghelfen und mir wieder Vertrauen geben würde. Bereits am dritten Tag nach dem Unfall ritt ich Hazel im Schritt auf dem Platz, um zu schauen, ob ich körperlich überhaupt dazu in der Lage wäre. Ellen war auch da, um Flow eine Viertelstunde auf dem Platz im Schritt zu bewegen. Danach drehten wir noch gemeinsam draußen eine kleine Runde. Ellen auf Flow, die sie auch draußen am kurzen Zügel hielt, und Hazel mit mir, wobei ich aussah wie ein absoluter Anfänger, da ich mein schmerzendes Steißbein so weit wie möglich entlasten wollte. Sowohl Flow als auch mein Steißbein haben diesen Test bestanden. Jetzt waren wir also quasi wieder an dem Punkt angelangt, an dem wir vor meinem Sturz waren – jedenfalls äußerlich, denn von innen sah es bei mir ganz anders aus. Das Vertrauen, das ich zu Anfang in Flow gehabt hatte, war komplett verschwunden. Ich sah sie nicht mehr, wie sie einmal gewesen war, sondern so, wie sie am jetzigen Punkt ihrer Entwicklung wirklich war. Jetzt, wo ich das erkannte, begriff ich, dass ich meine Vorgehensweise gegenüber Flow drastisch anpassen musste. Genau so, wie ich meinen alten Vielseitigkeitssattel entstaubt und in Gebrauch genommen hatte, so musste ich auch einen längst vergessenen Teil meiner selbst wieder hervorholen.

Am vierten Tag ritt ich Flow wieder selbst. Ich hatte Ellen gebeten, als dringend benötigte moralische Unterstützung dabei zu sein. Als sie etwas später als vereinbart eintraf, war ich bereits aufgestiegen, und sobald ich losritt, verschwand meine Angst glücklicherweise schnell. Es ist eine alte Reiterweisheit, dass man nach einem Sturz am besten so schnell wie möglich wieder auf das jeweilige Pferd steigen sollte. Was ich auch immer wieder feststelle, ist, dass man der Angst keinen Raum gibt, wenn man konzentriert am Arbeiten ist. Man sollte nicht daran denken, was passiert ist oder was passieren könnte, sondern im Hier und Jetzt bleiben – bei jedem Schritt, jedem Halten und jeder Volte. Es war gut, dass Ellen dabei war, als ich Flow das erste Mal nach dem Sturz wieder ritt. So war es für uns beide ein schönes Ende ihrer Zeit bei Flow und mir.

(Foto: Shutterstock.com/eastern light photography)

EIN ENDLOSER KAMPF

Am nächsten Tag war Ellens Urlaub vorbei und wir verabschiedeten uns. Ich bedankte mich überschwänglich. Ich kann gar nicht sagen, wie dankbar ich bin, dass sie genau zur richtigen Zeit am richtigen Ort war. Ich hatte Ellen noch gefragt, ob ich etwas für sie tun könne. Sie dachte kurz nach und sagte dann, dass sie es toll finde, jetzt einen Teil von Flows Geschichte zu sein. „Sorge du einfach dafür, dass du ein schönes Buch über Flow schreiben kannst", sagte sie. „Es wäre großartig, auch darin erwähnt zu werden. Falls ich hier noch mal Urlaub machen sollte, wäre es klasse, wieder auf Flow reiten zu dürfen." Ich versprach Ellen, mein Bestes zu tun und dass sie hier immer willkommen ist.

In den folgenden Wochen ritt ich Flow täglich. Solange mir mein Steißbein noch so sehr wehtat, ritt ich Flow nur im Schritt für eine Viertelstunde. Glücklicherweise konnte ich das Ganze schnell weiter ausbauen. Flow war überhaupt nicht erfreut darüber, als ich anfing, stetig mehr von ihr zu verlangen. Sie hatte sich nämlich mit der Viertelstunde im Schritt abgefunden und zeigte jetzt ihren Unmut umso deutlicher, wenn es mehr sein sollte.

Auch wenn es wirklich nicht schön ist, ein Pferd zu reiten, das sich gegen alles widersetzt, war ich doch glücklich darüber, dass Flows Unmut zum Vorschein kam, denn jetzt konnte ich daran arbeiten. Rückblickend denke ich, dass dies bereits bei dem französischen Trainer passiert war, aber damals wurde ihre Widersetzlichkeit als Dummheit betitelt und nicht gelöst. Ich erkannte die Muster wieder, die mir der französische Trainer beschrieben hatte: Wenn man linksherum wollte, ging sie rechts und andersherum. Wollte man, dass sie anhält, ging sie gegen die Zügel an und zog sie einem aus den Händen. Der Grund lag aber nicht darin, dass sie nicht verstand, was man von ihr verlangte, oder gar dumm war – im Gegenteil, sie war dem Menschen immer einen Schritt voraus.

Die Übungen aus dem *Natural Horsemanship* sind dafür gedacht, dem Pferd beizubringen, leichtem Druck zu weichen. Auf diese Weise erhält man ein Pferd, das mit leichtesten Hilfen geritten werden kann und gern mitarbeitet. Flow hatte sich allerdings bei diesen Übungen so unkooperativ gezeigt und war ständig stur gegen jeden Druck durchgegangen, dass die Reiter zu oft aufgegeben hatten. Dadurch hatte Flow natürlich das Spiel gewonnen und gelernt, dass sie ihren Willen bekommen konnte, wenn sie sich einfach nur lang genug widersetzte.

Eine andere Lektion, die am Anfang ihres Trainings schiefgelaufen ist, war das freie Spiel mit dem Menschen im Roundpen. Sie hatte sehr schnell verstanden, welche Signale sie zeigen musste, um die Trainingseinheit so schnell wie möglich zu beenden. Diese Technik, die Menschen zu trainieren, probierte sie jetzt auch an mir aus, während ich sie ritt. Wenn ich beispielsweise das Training mit einem Galopp beendete, dann wollte Flow beim nächsten Mal direkt angaloppieren. Dies ließ ich aber nicht zu. Das Resultat war, dass sie entweder auf der Stelle galoppierte oder probierte zu steigen, um ihren Standpunkt zu verdeutlichen. Gestern war ich doch zufrieden gewesen nach dem Galopp? Na dann: Wenn ich Galopp wollte, konnte ich ihn haben! Flow dachte, wenn sie direkt mit dem Galopp anfängt, wäre sie auch gleich fertig. Der Gedanke, dass ich gern bestimmen wollte, was und wie wir etwas machen und wie sie es macht, kam erst gar nicht in ihr auf.

Das Blöde an dieser Sache ist, dass man immer mit irgendeiner Sache aufhören muss und man sein Pferd auch belohnen will, wenn es etwas richtig gemacht hat. Wenn Flow beispielsweise einige Schritte rückwärtsmachte, nachdem sie sich erst dagegen gewehrt hatte, war ich darüber sehr glücklich, und das wollte ich ihr auch zeigen. Wenn ich dann Flow für ihre Einsicht und Bereitschaft mitzuarbeiten ausgiebig lobte und die Trainingseinheit beendete, hatte ich am nächsten Tag ein Pferd, das nur noch (unordentlich und total verspannt) rückwärtsging und nicht mehr geradeaus laufen wollte. Belohnte ich sie, ritt aber dennoch kurz weiter, hatte ich ein böse grummelndes und zähneknirschendes Pferd unter mir, das nicht verstand, dass es weiterarbeiten musste, obwohl es etwas richtig gemacht hatte. Daraufhin fing Flow wieder sofort an, sich allem zu widersetzen und es dauerte eine halbe Ewigkeit ehe sie sich wieder beruhigte.

Oft dachte ich scherzhaft, dass Flow besser als Mensch statt als Pferd zur Welt gekommen wäre, weil sie alles selbst bestimmen wollte. Allein schon der Gedanke, dass das Training ziemlich gut klappte und ich bald aufhören könne, war für mich absolut tabu, denn Flow fühlte das sofort, hielt an und stampfte mit dem Vorderbein auf, um mir zu verdeutlichen, dass ich jetzt absteigen solle. So funktionierte das allerdings nicht bei mir, aber wenn ich sie dann weiterarbeiten ließ, verstand sie die Welt nicht mehr und wurde sehr böse.

Flow ist wahrscheinlich in Intelligenz und Intuition ähnlich veranlagt wie Eden, nur dass beiden ein komplett gegenteiliger Umgang zuteilgeworden war. Die eine wurde viel zu hart und die andere zu sanft angepackt. Bei Eden ist dadurch das Vertrauen geschädigt worden und sie hat zu viel Respekt oder, besser gesagt, Angst vor den Menschen entwickelt. Bei Flow war das Gegenteil der Fall.

Das Wiederherstellen des Vertrauens bei einem Pferd ist für mich das Schönste, was es gibt. Es ist die dankbarste Art von Arbeit, die man sich nur vorstellen kann und erfüllt mich immer wieder mit einem wunderbaren Gefühl. Leider gilt dasselbe nicht für das Wiederherstellen des Respekts bei einem Pferd, das zu sanft behandelt worden ist. Dies empfinde ich immer als eine sehr undankbare Aufgabe.

Mit großer Beharrlichkeit gelang es mir, Flow dazu zu bringen, das zu tun, was ich von ihr wollte. Allerdings tat sie es nie aus vollem Herzen. Alles war bei ihr ein Kampf. Sie war es gewohnt, den Menschen trainieren zu können, den sie sozusagen um ihren Huf wickeln konnte. Jetzt war sie bei einem Menschen gelandet, der sie trainierte, und das zerstörte ihr ganzes Weltbild der Menschen. Es war deutlich, dass sie mich überaus nervig fand und sich kein bisschen auf die gemeinsame Arbeit freute. Sie sah mich eher als ihren schlimmsten Feind als ihre beste Freundin. Diese Tatsache tat mir sehr weh, weil ich genau genommen die Einzige war, die ihr das gab, was sie wirklich brauchte.

(Foto: Shutterstock.com/Yurkovska Tanya)

FLOWS VERSCHWINDEN

Alles in allem war die Ankunft von Flow eher eine Enttäuschung. Die dickköpfige Stute nahm meine ganze Zeit in Anspruch, und das ohne dass ich eine Befriedigung aus dem immerwährenden Streit mit ihr gewinnen konnte. Ein Reiter, der es sich selbst beweisen will und aus seinem Ego heraus handelt, würde es wahrscheinlich toll finden, so einem störrischen Pferd seinen Willen aufzuzwingen. Ich allerdings lebe aus meinem Herzen heraus und möchte mich in jeder Beziehung, die ich eingehe – egal ob mit Mensch oder Pferd, von meinem Herzen aus mit dem anderen verbinden können. Flow war aber dafür nicht offen, und so sehnte ich mich oft danach, mir so wie früher stunden-lang mit Eden oder Hazel die Zeit zu vertreiben.

Wenn ich Flow nicht jeden Tag arbeitete, merkte man das sofort an ihrem Verhalten in der Herde. Durch das Reiten konnte ich ihre Ener-gie in die richtigen Bahnen lenken, während sie sich ansonsten auf verkehrte Weise äußerte. Wenn ich mit Flow gearbeitet hatte, konnte Eden sie auch in der Gruppe wieder leiden. Ritt ich sie allerdings einen Tag nicht, schreckte sie die anderen Pferde auf und biss sie oder trat nach ihnen. Das wollte ich vor allem Eden nicht antun. Kurz vor Flows Ankunft hatte ich nämlich gefühlt, dass sie den Gipfel ihrer Kraft über-schritten hatte und sich ihre Wurzeln in der Erde langsam lockerten. Es machte mir Sorgen, dass jetzt ein zusätzlicher Anschlag auf ihre ohnehin abnehmende Lebensenergie verübt wurde.

Solange das Sommerwetter anhielt, war alles irgendwie noch zu schaffen. Ich trainierte viel mit Flow, sodass sie sich einigermaßen benahm, und glücklicherweise bot das Gras auch noch genug Ablen-kung. Als der Herbst kam und die Tage kürzer wurden, wurde es schwieriger. Unsere bescheidene Weide wurde immer schlammiger und das Gras war abgefressen. Die drei standen jetzt tagsüber oft im Paddock, wo Flow sich meistens schnell langweilte. Eden und Hazel konnten herrlich zusammen kuscheln, aber so etwas kannte Flow nicht. Sie trennte lieber die Balken vom Holzzaun ab oder rannte gefährlich schnell im Kreis herum, wenn Eden sich gerade hingelegt hatte. Flow gelang es immer, Chaos zu schaffen. Immer öfter fragte ich mich, wieso ich das eigentlich angefangen hatte. Sowohl Eden und Hazel als auch ich gaben unser Bestes, Flow in die liebevolle, harmonische Energie unserer kleinen Herde aufzunehmen, aber ich wurde mir immer unsicherer, ob unsere Harmonie ihren mürrischen Launen standhalten konnte.

„Wieso stellst du Flow nicht für eine Weile bei mir auf die große Weide?", fragte mich Tineke spontan, nachdem ich ihr von meinen Sorgen über Edens Mangel an Ruhe und meinen Zweifeln berichtet hatte. Tineke hatte bei ihrem alten Bauernhof ein recht großes Stück Land, und es schien so, als würden ihre Pferde das Gras dieses Jahr kaum allein abfressen können. Die Stute, die in dieser Herde die Leitposition innehatte, war nicht gerade zimperlich. Ihr würde es daher nicht schwerfallen, Flow ein bisschen im Zaum zu halten. Ich ritt ohnehin schon oft bei Tineke, da ihr Reitplatz viel größer war als meiner. Für Flow wäre es kein Urlaub, weil ich sie immer noch täglich reiten würde, aber es würde Eden, Hazel und mir mal eine Pause geben.

Schon am nächsten Morgen stellte ich Flow auf die neue Weide. Sie wurde kurz gejagt, aber da die Weide groß genug war und das leckere Gras lockte, standen alle Pferde schon bald wieder ruhig grasend da. Ich ging nach Hause und freute mich bereits darauf, mal wieder das Zusammensein mit Eden und Hazel so richtig zu genießen. Als ich nach Hause kam, lag Eden schon ausgestreckt im Sand des Paddocks, um zu ruhen, während Hazel Wache stand. Ich legte mich dazu und fühlte, wie unsere Energien wieder ungestört ineinanderfließen konnten. Es war einfach herrlich, endlich wieder diesen innigen Frieden zu erfahren. Lange sollte diese Ruhe aber nicht anhalten. Kurz nach dem Abendessen klingelte das Telefon. Dran war eine sehr beunruhigte Inge. „Nanda, du musst schnell kommen! Flow ist verschwunden!", rief sie panisch. Ich versuchte, sie zu beruhigen und ihr zu erklären, dass ein Pferd nicht einfach so verschwinden kann. Vielleicht stand sie in einer dunklen Ecke der Weide hinter ein paar Bäumen, aber spurlos verschwunden sein konnte sie nicht. „Doch, wirklich", erzählte Inge,

„ich hab schon die ganze Koppel abgesucht, aber sie ist nirgends zu sehen. Du musst mir glauben!"

Da es jetzt sehr schnell dunkel wurde, lief ich mit einer Taschenlampe direkt zu Tineke. Inge schien recht zu behalten, denn egal wo wir auch suchten, Flow blieb verschwunden. „Hast du nichts gehört?", fragte ich Inge, die im Stall gewesen war, als Flow verschwand. Das hatte sie leider nicht. Inzwischen war Tineke nach Hause gekommen und sie war genauso erstaunt wie ich. Wir fragten in der Nachbarschaft herum, aber niemand hatte ein Pferd gesehen oder gehört und mittlerweile war es auch schon komplett dunkel geworden. Zusammen mit Tineke durchsuchte ich erst die nahe gelegenen Weiden und das Wäldchen, schließlich durchkämmten wir das ganze Dorf. Unsere Suche blieb nicht unbemerkt; die Nachricht von Flows Verschwinden verbreitete sich im Dorf wie ein Lauffeuer. Schon bald liefen überall im Dorf Menschen mit Taschenlampen über die umliegenden Äcker, Weiden und Wälder und riefen nach Flow. An diesem Abend aber fanden wir sie nicht wieder. Selbst mithilfe der örtlichen Polizei, die mit großen Scheinwerfern angerückt war, blieb Flow verschwunden.

„Kannst du nicht probieren, telepathisch Kontakt mit Flow aufzunehmen?", fragte mich Tineke plötzlich. Ehrlich gesagt war ich mir nicht sicher, ob mir das in dem Moment gelingen würde. Mein Herz klopfte wie wild und meine Nerven lagen blank bei dem Gedanken, was Flow alles zugestoßen sein könnte. Mit großer Wahrscheinlichkeit war sie nicht angefahren worden, denn die Polizisten hatten keine Nachricht über einen Unfall mit einem entlaufenen Pferd erhalten. Es war aber natürlich auch möglich, dass Flow irgendwo ins Wasser gefallen war oder sich im Stacheldraht verheddert hatte. Mir gingen die schlimmsten Szenarien durch den Kopf. Trotzdem beschloss ich einen Versuch zu wagen, mit Flow in Kontakt zu treten. Zu meiner großen Überraschung klappte es. Ich fühlte, dass Flow auf jeden Fall in Sicherheit und unverletzt sein musste. Ich bekam ein Bild in meinen Kopf, in dem ich sah, dass sie an einem Knick stand und auch Wasser in der Nähe war. Ich hatte das Gefühl, dass das Wasser sie anzog, dass es ihr den Weg zeigte. „Sie ist nach Hause gelaufen", sagte ich mit Entschiedenheit, als ich meine Augen wieder öffnete. „Sie ist dem Wasser gefolgt oder hat es zumindest gesucht, weil unser Haus am Wasser liegt."

Leider war Flow nicht bei mir zu Hause angekommen und auch auf dem Weg von Tineke zurück zu meinem Haus konnten wir keine Spuren von ihr finden. Inzwischen war es Mitternacht geworden und immer mehr Menschen beschlossen, die Suche zu beenden. „Probiere ein bisschen zu schlafen, Nanda", legten sie mir nahe. „Heute Nacht wirst du sie bestimmt nicht mehr finden. Am besten suchst du gleich morgen früh weiter." Mit dem beruhigenden Gefühl, das mir Flow aus der Ferne gegeben hatte, konnte ich tatsächlich ein wenig Schlaf finden, obwohl es mir schwerfiel. In der Nacht hatte ich nur kurz und leicht geschlafen, aber in meinem Traum hatte ich Flow gesehen. *Ich wollte nach Hause*, sagte die Stute in meinem Traum. *Ich wollte zum Wasser. Mein zuhause liegt am Wasser. Ich wollte zu Eden und Hazel und zu dir. Ich wollte nach Hause, aber ich konnte den Weg nicht finden.*

Am nächsten Morgen sprang ich, sobald es hell wurde, auf mein Fahrrad. Erst radelte ich zu Tinekes Bauernhof, wo ich jetzt im Tageslicht Hufspuren sehen konnte. Es schien so, als sei Flow über den Zaun gesprungen und quer durch den Garten unter der Wäscheleine durch zum Weg gelaufen. Auch dort sah man, dass sie wieder über einen Zaun gesprungen war, und weil niemand sie gesehen noch gehört hatte, musste sie querfeldein in die Richtung unseres Hauses gewandert sein. Also radelte auch ich in diese Richtung und sah plötzlich ganz hinten in einer Ecke eine Bewegung. „Flow!", rief ich aus vollem Herzen, worauf ein herzzerreißendes Wiehern folgte. Das fuchsfarbene Pferd, das hinter dem Acker im Knick gewartet hatte, kam im vollen Galopp auf mich zu. Ich schmiss mein Fahrrad auf den Boden, sprang über den Graben und rannte ihr entgegen. Genauso wie im Film schien alles in Slow Motion zu geschehen und Flow fiel mir buchstäblich in die Arme. Sie legte ihren Kopf auf meine Schulter, während ich meine Arme um ihren Hals schlang. *Ich dachte, dass ich dich verloren hätte*, hörte ich ihre Stimme in meinen Gedanken. „Das Gleiche hab ich auch gedacht, Flow", sagte ich leise, während mir Tränen der Erleichterung über die Wangen liefen. „Ich bin so froh, dass ich dich wiedergefunden habe!"

Flow lief am Fahrrad zurück nach Hause, wo ich sie zuerst sicher in den Stall stellte. Durch die Angst, dass ich sie einfach hätte verlieren können, wurde mir erstmals bewusst, dass ich sie nicht mehr missen wollte, egal wie schwer es gerade mit ihr war. Sie war über zwei Zäune und einen Graben gesprungen, hatte der Dunkelheit getrotzt und versucht, geradewegs nach Hause zu laufen. Dass dies so aber nicht möglich war, weil man dort in einem Knick gelangt und man entweder links oder rechts um den weitläufigen Acker herumlaufen musste, hatte sie einfach nicht gewusst. Ihr Instinkt hatte sie auf direktem Weg zum Wasser geführt, dorthin, wo sie zu Hause war, auch wenn sie es sich vorher nicht hatte anmerken lassen, dass sie dies so empfand.

Es war aber nicht so, dass Flow ihr Verhalten plötzlich änderte. Trotzdem hatte sich etwas in unserer Beziehung verändert. Anfangs hatte ich sie so gesehen, wie sie tief in ihrem Inneren war, aber nach dem Sturz sah ich sie so, wie sie inzwischen geworden war. Das harte, dickköpfige Pferd war das Spiegelbild von Marijkes sanftem und nachgiebigem Umgang mit ihr. Marijke hatte eine andere Richtung eingeschlagen und sah das von ihr geschaffene Spiegelbild nicht mehr. Ich hatte den Spiegel aufgehoben in der Hoffnung und Erwartung, ein anderes Bild zu sehen. Das war aber nicht so einfach, wie ich mir das vorgestellt hatte. Das alte Spiegelbild war nämlich doch ein gutes Stück hartnäckiger, als ich erwartet hatte. An dem Morgen mitten auf dem Acker sah ich Flow wieder, wie sie tief von innen wirklich war. Unter der dicken Schicht von erlernter Sturheit und Widerstand war die Flow, in der ich das Fohlen meiner geliebten Stute Natasha wiedererkennen konnte; die Flow, die ich lieben und die meine Liebe auch erwidern konnte. Um an ihren Kern zu gelangen, musste ich durch die harte, erlernte Schale brechen. Eden hatte mir gezeigt, dass sie mir dabei helfen würde, damit Flow irgendwann ihre Rolle einnehmen konnte. Diese viel sanftere Flow hatte – im Gegensatz zu dem harten Pferd, das sie geworden war – auch wirklich das Potenzial und die Würde, um irgendwann in Edens Fußstapfen zu treten. An jenem Morgen begriff ich zum ersten Mal, dass ich nicht gegen Flow kämpfte, sondern für die Flow, die sie hätte sein sollen und die sie tief von innen auch immer noch in sich trug. Diese Einsicht gab mir die Kraft weiterzumachen und Eden um ihren Beistand zu bitten.

(Foto: Amanda Melchior)

NEUE WEGE EINSCHLAGEN

Ich beschloss es auf einem anderen Weg zu probieren und mit ihr das Westernreiten anzufangen. Dies tat ich allerdings nicht mit einem Knotenhalfter und einem baumlosen Sattel, sondern mit einem ganz normalen Westernsattel und einem Bosal. Das Bosal hatte ich mal günstig ergattert, aber für Eden und Hazel war die Einwirkung trotz des verwendeten weichen Leders zu hart gewesen und so staubte die Zäumung langsam in der Sattelkammer ein. Bei Flow dagegen würde das Bosal ausgezeichnet funktionieren, vor allem um ihr zu verdeutlichen, dass „Halt" wirklich „Halt" bedeutet und kein Zeichen dafür ist, den Reiter an den Zügeln aus dem Sattel zu ziehen. Ein Bosal wirkt nur dann ein, wenn es nötig ist. Wenn Flow also das täte, was von ihr verlangt wird, würde sie das Bosal gar nicht bemerken. Ich habe zwar noch ein weiches Tuch um das Leder gebunden, aber doch schien es so, als würde dieses Mal eine stärkere Nanda ihren Fuß in den Bügel setzen und aufsteigen. Diese etwas kühnere Version meines Selbst ist auch ein Teil von mir, bloß hatte ich für diesen Teil meiner selbst in den letzten Jahren eher selten Verwendung gefunden. Flow fühlte den Unterschied sofort. Mit dieser Nanda war nicht zu spaßen. Vorher fand ich es immer blöd, wenn Flow sich widersetzte, und ich hatte versucht, dies zu vermeiden. Jetzt war mir eher nach *Na los, mach doch! Mal sehen, aus welchem Holz du geschnitzt bist.*

Hans hattc uns an diesem Tag nach dem Reiten fotografiert. Auf dem Foto sah man mich das erste Mal nach dem Sturz wieder lachen. Als ich das Foto per E-Mail zu Karel und Marijke schickte, war ihre Reaktion anders als erwartet. „Oh, Flow guckt aber traurig auf dem Foto", schrieben sie zurück. Daraufhin fragte ich sie, ob ihnen überhaupt aufgefallen war, dass meine Mundwinkel wieder oben waren. Es war mehr als logisch, dass die Flow, die sie kannten, von dieser Veränderung ganz und gar nicht begeistert war, aber es war der einzige Weg, sie auf lange Sicht glücklich zu machen.

Von diesem Moment an ging ich auch wieder mit Flow ausreiten, aber unser Abenteuer in der Heide hatte seine Spuren hinterlassen. Ich bin einer der letzten, übrig gebliebenen Europäer ohne Handy, weil ich nicht gestört werden möchte, wenn ich mit den Pferden arbeite, aber wie erleichtert war ich gewesen, als die Mädchen an jenem Tag des Sturzes ihre Handys dabeihatten. Ich war mir aber auch bewusst, dass ein Handy nicht unbedingt ein Garant dafür ist, auch wirklich Hilfe rufen zu können, denn wenn man bewusstlos ist, kann man nicht telefonieren. Wenn ich also niemanden hatte, der mit ausreiten wollte, fragte ich Hans, ob er mich begleiten würde. Glücklicherweise ist er meiner Bitte immer gern nachgekommen.

Ich ritt Flow nun mit Bosal. So musste ich nicht länger immerzu an den Zügeln ziehen. Wenn es die Situation erlaubte, gab ich der Stute Freiraum. Wenn es nötig war, entzog ich ihr diesen schnell wieder und übernahm die Kontrolle.

Da mich meine Ausritte oft am Bauernhof von Tineke vorbeiführten, kombinierte ich diese gern mit einer Trainingseinheit auf ihrem großen Reitplatz. Eines Tages standen dort ein paar Hindernisse. Dies rief Erinnerungen an meine gemeinsame Zeit mit Natasha wach, die es enorm genossen hatte über die Stangen zu fliegen. Die Besitzerin des Ausbildungsstalls hatte Marijke davon abgeraten, mit Flow zu springen, da sie dies konsequent verweigert hatte. Allerdings hatte dieser französische Trainer auch gesagt, dass Flow dumm sei…

Außerdem war Flow mühelos über zwei Zäune mit einer Höhe von ungefähr einem Meter gesprungen, als sie allein den Weg nach Hause gesucht hatte. Aus diesem Grund wollte ich mir gern selbst ein Bild machen und schauen, was sie tun würde. Ich sattelte Flow ab und streifte ihr eines von Inges Halftern über, sodass ich sie frei über ein paar Stangen traben lassen und sie danach über einen Sprung schicken konnte. Hans, der mich auf seinem Fahrrad begleitet hatte, fragte mich, ob er schon mal allein nach Hause fahren solle. Ich erwiderte, dass dies nicht nötig sei. „Es wird höchstens fünf Minuten dauern." Ich wollte wirklich nur kurz gucken, ob Flow nicht etwas von dem Springtalent ihrer Mutter in sich trug und es womöglich selbst auch toll fand.

In dem Moment, als ich sie über die erste Stange traben lassen wollte, sah ich an ihrem Auge, dass sie die Situation wiedererkannte. *Aha,* dachte sie, *das habe ich schon öfter erlebt. Du willst, dass ich über diese Stange trabe, und genau das werde ich nicht tun.* Sie rammte alle vier Hufe in den Sand und sah mich herausfordernd an. *Na los, komm schon!*, schien sie zu sagen. *Wir werden ja sehen, wer hier den längeren Atem hat.* Das verlief jetzt natürlich absolut nicht so, wie ich es erwartet hatte, aber wenn Flow es so haben wollte, sollte sie es bekommen. Ich nahm ihre Herausforderung an und sagte Hans, er könne nun doch schon mal nach Hause radeln, denn dies würde länger als fünf Minuten dauern.

Im Endeffekt dauerte es den ganzen Nachmittag. Anstelle einer schönen kleinen Abwechslung während des Ausritts wurde es ein langer und anstrengender Streit um Macht. Genau wie bei der freien Arbeit im Roundpen bestimmte ich Flows Richtung und Geschwindigkeit. Ich konnte sie nicht zwingen, über die Stange zu traben, aber ich konnte sie laufen lassen, solange sie nicht kooperierte. Da aber der Reitplatz um einiges größer war als ein durchschnittlicher Roundpen, bedeutete dies für mich, dass ich viel laufen musste. Das Ende des Lieds sah dann auch so aus, dass wir beide triefnass geschwitzt waren. Das machte mir aber nichts aus. Ich hatte kein Gefühl mehr für die Zeit und würde erst aufhören, wenn Flow ihren Widerstand aufgab und wenigstens probieren würde, das zu tun, was ich von ihr verlangte.

Endlich war der Zeitpunkt der Einsicht da und die sture Fuchsstute begriff, dass es bedeutend weniger Arbeit wäre, einfach über die Stange zu traben oder zu springen. Mit ihrem Sprungvermögen schien auch alles in Ordnung zu sein. Sie sprang mit Leichtigkeit über die Hindernisse. Ich holte sie sofort zu mir in die Mitte und ließ sie dort ausruhen. „Das war es schon, mein Mädchen", sagte ich, während ich ihr lobend den Hals klopfte. „Das war alles und du hättest es dir viel leichter machen können, wenn du einfach mitgearbeitet hättest." Flow leckte und kaute, dass es eine reine Freude war, ihr dabei zuzuschauen. Wieder einmal musste sie ihr Bild der Menschen revidieren. In dem Ausbildungsstall hatte sie dieses Spiel immer gewinnen können, aber langsam fing sie an zu begreifen, dass sie mit so einem Benehmen bei mir nicht durchkommen würde.

(Foto: Hans van Gestel)

DER RÜCKSCHLAG

Tineke und Inge waren nach draußen gekommen, um dem Schauspiel beizuwohnen. „Sollen Inge oder ich dich noch nach Hause begleiten?", fragte mich Tineke zum Schluss, da sie wusste, dass ich nach dem Sturz nicht mehr allein mit Flow draußen reiten wollte. Ich schlug ihr Angebot freundlich ab. Vorerst fühlte ich mich wieder sicher genug, um mit Flow allein im Gelände unterwegs zu sein. Ich war davon überzeugt, dass Flow heute nichts mehr anstellen würde, da sie erfahren hatte, dass ich es ihr nicht durchgehen lassen würde. Um es in den Worten der Amerikaner zu sagen: *She just had a taste of humble pie. (zu Deutsch: Kleine Brötchen backen)* Diesmal war keiner in der Nähe, um ein Foto zu machen, aber ich fühlte ganz genau, wie sich meine Mundwinkel triumphierend nach oben zogen. Flow hat sicherlich weniger glücklich ausgesehen, aber dies ist leider unvermeidlich, wenn man den Respekt eines Pferdes wiederherstellen muss. Trotz alledem hatte ich das Gefühl, dass der Streit noch nicht definitiv entschieden war und ich Flow noch immer nicht wirklich vertrauen konnte.

Ungefähr eine Woche später unternahm ich wieder einen Ausritt mit ihr. Wir ritten auf einem schmalen Reitweg, als uns ein anderer Reiter im flotten Trab entgegenkam. Normalerweise reitet man im Schritt aneinander vorbei, aber dieser Mann hatte anscheinend noch nie etwas von dieser Regelung gehört. Wir ritten weg vom Stall, während das andere Pferd dorthin ritt, wo wir gerade hergekommen waren. Dies war natürlich eine extra Herausforderung für Flow, die nicht nur der Herdentrieb in Richtung Stall zog.

Für Flow war dies Grund genug, sofort eine Kehrtwendung einlegen zu wollen. Dieses Mal war ich aber darauf gefasst, und so konnte ich gerade noch verhindern, dass sie kehrtmachte und davonschoss. Das frustrierte sie allerdings so dermaßen, dass sie böse grummelte, ein paarmal stieg und dann mit den Vorderbeinen wütend auf den Boden stampfte. *Du fliegst runter! Mir reicht's*!, hörte ich ihre Stimme in meinem Kopf. „Ich glaube nicht", sagte ich fest entschlossen, während ich ihr einen kleinen Klaps auf die Kruppe gab, um ihr zu signalisieren, dass sie weiterlaufen solle. Der Klaps wurde von Flow auch direkt mit einem heftigen Buckler kommentiert. Hierauf antwortete ich mit einem etwas kräftigeren Klaps. *Bocken – Klaps, Bocken – Klaps.* So ging es einige Male hin und her, bis ich merkte, dass es jetzt entweder hü oder hott, drauf oder drunter war.

„Damit würdest du nicht einmal eine Fliege totschlagen!", rief mir meine Reitlehrerin früher immer zu, und damit hatte sie auch absolut recht gehabt. Ich gebe zwar den Pferden subtile Anweisungen mithilfe einer Gerte oder eines Seils, aber einen richtig kräftigen Schlag habe ich einem Pferd noch nie gegeben. Für mich war es schon eine große Sache, dass ich seit meinem Sturz wieder eine Gerte hatte und sie auf Ausritten mitnahm.

Mir war bewusst, dass ich jetzt Flow entweder komplett dominieren musste oder wieder eine heftige Explosion ihrerseits folgen würde. Auf beides hatte ich eigentlich keine Lust, aber ich verstand ganz genau, dass ich bei Letzterem ernsthaft verletzt werden könnte. Daher musste ich jetzt ein für alle Mal eine sehr deutliche Grenze ziehen. Ich holte aus und gab Flow einen wohlverdienten und sehr gemeinen Schlag mit der Peitsche auf ihr Hinterteil. Wenn dort zufällig eine Fliege gesessen hätte, wäre diese mit Sicherheit tot gewesen. „Und jetzt weiter!!!", zischte ich mit einer Stimme, die so tief und überzeugend war, dass Flow keinen Moment zweifelte, sondern es automatisch tat. Ich war nicht sauer, sondern fest entschlossen, nicht noch einmal mein Bewusstsein oder mein Gedächtnis zu verlieren.

Diese standhafte Haltung überraschte mich selbst. Diese Nanda war so anders als die Nanda, die über die Jahre den Pferden gegenüber immer sanfter und einfühlsamer geworden ist. Das Schöne daran war, dass Flow ebenso überrascht über ihre Reaktion war wie ich über meine. Die Flow, die jetzt ohne zu zweifeln das tat, was ich von ihr verlangte, war auch nicht mehr die Flow, die über die Jahre hin immer härter und störrischer geworden war. In diesem einen entscheidenden Moment drehten sich unsere Rollen plötzlich einfach um.

Wenn man von klein auf mit einem Pferd sowohl am Vertrauen als auch am Respekt arbeitet, kann man auf eine sanfte Art Grenzen setzen. Dann braucht man auch keine Peitsche. Aus Emotionen, Verärgerung oder Frustration heraus zu strafen ist nie gut. Außerdem ist dies ist ein Zeichen von Ohnmacht und wird einem daher auch nie den Respekt eines Pferdes einbringen. In Extremsituationen darf man seinen Leib und sein Leben schon mit aller Kraft verteidigen.

In der Welt der natürlichen und pferdefreundlichen Trainingsmethoden liegt ein Tabu auf diesem Thema. Dies ist auch absolut nachvollziehbar, weil man als bewusster und wohlwollender Mensch seinem Pferd keine Schmerzen zufügen möchte. Außerdem wird im Allgemeinen viel zu schnell, zu oft und zu Unrecht zur Gerte gegriffen. Trotzdem kann ein wohlverdienter Klaps im richtigen Moment, und je nach Situation und Intention, manchmal ehrlicher sein als das soundsovielte nicht verdiente Streicheln.

Wäre ich in jenem entscheidenden Moment von ihr hinuntergesprungen und zurück nach Hause gelaufen oder hätte nur zögerlich reagiert und wäre wieder gestürzt, wäre ich nicht nur mir, sondern auch Flow gegenüber unfair gewesen. Dann wäre alles umsonst gewesen. Jetzt reagierte ich instinktiv wie eine Leitstute, die ihren notwendigen Lebensraum beschützen muss. Dafür braucht es Mut, aber auch Liebe, und es war meine Liebe zu Flow, die mir diesen Mut gab. Meine Intentionen waren rein, wodurch mein Herz stets geöffnet war. Nur so ist es möglich, direkt von seiner instinktiven Urkraft wieder zurück zur Sanftheit zu kommen.

Sobald Flow ihren Widerstand aufgab und weiterlief, strömte meine Liebe wieder und ich belohnte sie sofort mit meiner Stimme. „Gut gemacht, Mädchen", sagte ich aufrichtig glücklich mit ihr und ihrem Verhalten. „Das ist brav. Super gemacht, Flow!" Und so machten wir dann doch noch unseren geplanten Ausritt, und das ganz ohne weitere Vorkommnisse und ohne dass etwas zwischen mir und Flow stand. Flow fühlte sich zum ersten Mal richtig entspannt und erleichtert an. Es schien so, als ob ich ihr jetzt endlich die Klarheit gegeben hätte, die sie ihr ganzes Leben lang gesucht hatte. Ich hätte nicht glücklicher sein können.

Irgendwie hatte ich auch die ganze Zeit gewusst, dass es noch mal zu einer solchen Konfrontation kommen musste. Ich hatte bloß gehofft, dass dies nicht nötig sein würde, dass wir es anders lösen könnten. Aber wieso eigentlich? Flow kümmerte es am wenigsten, dass sie einen Klaps bekommen hatte. Im Gegenteil, sie war eher glücklich mit der nicht falsch zu verstehenden Grenze. Als ich dies für mich verstand, fühlte ich, wie sich meine Mundwinkel nach oben zogen. Diesmal würde es auch so bleiben. Der Streit war beendet.

Am nächsten Tag arbeitete ich Flow an der Hand auf dem Reitplatz. Dadurch, dass ich sie bereits eine Weile mit dem Bosal ritt, hatte sie gelernt, dass „Rechts" auch wirklich „Rechts", „Links" tatsächlich „Links" und „Halt" eben „Halt" bedeutet. Es gelang aber nicht immer, sie mit dem Bosal lang und tief laufen zu lassen. Das war aber wichtig, da sie lernen musste auch unterm Reiter ihren Rücken richtig zu entspannen. Wenn ich sie auf dem Reitplatz ritt, hatte sie außerdem noch regelmäßig die Angewohnheit, sich im Hals aufzurollen. Das Bosal hatte seinen Dienst getan und sollte nun wieder zurück in die Sattelkammer. Von jetzt an würde ich wieder eine normale Trense benutzen, um sie lang und tief einzustellen und ein Aufrollen im Hals zu verhindern. Ich forderte sie mittels subtilen Zügelhilfen auf, ihren Kopf tiefer zu tragen und trotzdem schön auf ihren eigenen Beinen weiterzulaufen, ohne nach innen zu fallen. So wie immer widersetzte sie sich meinen Hilfen und ging gegen sie an – so war sie nun einmal. Dieses Mal konnte ich aber über ihr Verhalten lachen. Es machte mich nicht mehr wütend.

Mittlerweile hatte sie natürlich schon öfter erfahren, dass ihr Widerstand bei mir nichts nützte, trotzdem versuchte sie es immer wieder. Aber ihre festgefahrenen Überzeugungen waren immer bröckeliger geworden und durch die Konfrontation am vorigen Tag endlich ins Wanken gekommen. Nach ihrem anfänglichen Widerstand fühlte ich, wie sich plötzlich irgendetwas in ihrem Köpfchen verschob, dass sich ein Schalter umlegte. Anstelle von Gegendruck zu geben und das Gegenteil von dem zu tun, worum ich sie bat, überlegte sie zum ersten Mal in ihrem Leben, es mal auf einem anderen Weg zu versuchen. *Ach ja*, dachte sie, *ich komme hiermit eh nicht durch. Vielleicht ist es leichter, Nandas Hilfen einfach anzunehmen.*

Zu meiner Überraschung und Freude fühlte ich, wie sie leichter wurde und ohne zu streiten meine Hilfen befolgte. Sie ließ ihren Kopf sinken, entspannte den Hals und damit auch ihren Rücken. Dann folgte ein tiefer Seufzer: *Hmm, das fühlt sich gut an. Viel besser! Oh, das fühlt sich viel schöner an,* hörte ich sie denken. Dann folgte eine emsige Leck- und Kauphase, in der sie ihre neue Erfahrung schmeckte und überdachte. Es dauerte etwas, bis der Groschen fiel und sie realisierte, was es bedeutete. Anscheinend waren die Dinge, die ich von ihr verlangte, nicht dazu gedacht, sie zu ärgern oder ihr auf die Nerven zu fallen, sondern um ihr zu helfen. Ich hatte ihre Interessen im Blick, und das bedeutete auch, dass ich nicht ihr Feind sein konnte, wie sie immer angenommen hatte.

Was dann passierte, werde ich nie vergessen: Flow kam zum Stehen und drehte sich zu mir um. Als ich daraufhin von ihrem Rücken stieg, legte sie in völliger Hingabe ihren Kopf auf meine Schulter. *Du willst mir helfen,* hörte ich ihre Stimme, *du bist meine Freundin!* „Hast du das endlich auch verstanden?", sagte ich laut, während mir die Tränen in die Augen schossen. Zum allerersten Mal fühlte ich, wie sich Flows Herz komplett für mich öffnete und mich wie ein warmer, prickelnder Strom von Liebe genau ins Herz traf.

DAS VERLANGEN NACH SEELENVERBUNDENHEIT

(Foto: Fotolia.com/Kseniya Abramova)

(Foto: Fotolia.com/callipso88)

DIE HERZVERBINDUNG

Von diesem Tag an war nichts mehr, wie es vorher gewesen war. Da sie ihr Herz für mich geöffnet hatte, konnte Flows wahres Ich endlich in Erscheinung treten. Das Schöne war, dass sich dies nicht nur für mich so anfühlte, sondern es auch für andere sichtbar war. Hans irrte sich jetzt auch häufig in ihrem Namen und nannte sie aus Versehen Natasha. Das fand ich alles andere als komisch, denn sie erinnerte auch mich immer öfter an ihre Mutter. Am schönsten waren für mich allerdings die Reaktionen, die ich von der früheren Dressurtrainerin von Marijke und Monika bekam. Ich war mit der Trainerin auf einer Social Media Website vernetzt, auf der ich regelmäßig Fotos poste. Als ich ein neues Foto dort hochlud, das gemacht wurde, nachdem Flow ihr Herz für mich geöffnet hatte, fragte sie mich, was um Himmels willen mit Flow passiert war. „Ich erkenne sie fast nicht wieder", verdeutlichte sie ihre Reaktion. „Ihr Blick ist so viel sanfter als auf den vorherigen Fotos. Sie scheint ein völlig anderes Pferd zu sein." Dies war eine ausgezeichnete Beobachtung und sie war absolut zutreffend. Diese Flow war nicht mehr länger die verwöhnte Fleur, die sie mal unterrichtet hatte.

Eden und Hazel waren auch positiv überrascht über diese Transformation, denn auch Flow ließ die Nähe der beiden Stuten mehr und mehr zu. Endlich beantwortete sie ihre Einladungen, mit ihnen zu kuscheln und aneinander zu knabbern. Jedes Mal, wenn ich Flow so in einer Umarmung mit einem meiner Schimmelchen stehen sah, fühlte ich mein Herz dahinschmelzen. Marijke hatte mir erzählt, dass sie mit den Pferden aus ihrer Herde nie solche Momente gehabt hatte, obwohl diese Nähe zu anderen Herdenmitgliedern ein sehr wesentliches Bedürfnis eines Pferdes ist. Flow hielt jetzt auch Wache, wenn Eden oder Hazel sich ausruhen, und genauso war es andersherum. Langsam fing sie an, sich wie ein vollwertiges, konstruktiv beitragendes Herdenmitglied zu verhalten.

Auch was das Reiten anging, war nun alles anders. Jetzt waren wir endlich in der Aufbauphase angelangt. Das Reiten war kein Kampf mehr. Flow versuchte aufrichtig zu verstehen, was ich von ihr wollte. Sie arbeitete mit mir zusammen in der Gewissheit, dass ich nur das Beste für sie wollte. Das bedeutete aber nicht, dass sie nicht auch mal böse wurde, weil sie nun mal jahrelang so reagiert hatte. Wenn Flow etwas nicht sofort verstand, sich ärgerte und anfing, mit ihren Zähnen zu knirschen, zog ich ihr meistens spielerisch am Mähnenkamm. „Flow, Mädchen", sagte ich dann, „nicht böse werden. Ich bin deine Freundin, weißt du noch?" *Oh ja*, hörte ich sie dann oft buchstäblich denken, *stimmt, so war das*. Oftmals leckte und kaute sie danach heftig, um sich anschließend wieder zu entspannen.

Beim Reiten und im Training spielt das jeweilige Bedürfnis des Pferdes eine zentrale Rolle. Ich trainiere immer das, was für die mentale und physische Entwicklung des Pferdes in dem Moment wichtig und gut ist. Ich würde nie etwas von einem Pferd verlangen, das ihm nicht guttut. Auf diese Weise bekräftigte ich Flow immer wieder darin, dass es die richtige Entscheidung gewesen ist, mir ihr Herz zu schenken. Mit der Herzensfreundschaft als Basis wurde das Reiten für uns beide auch immer schöner. Während eines Ausritts mit Astrid fragte sie mich, ob ich nicht Angst davor hätte, dass Flow noch mal explodieren und bocken würde. Das hatte ich nicht mehr. Früher war ich mir immer über Flows kurzen Geduldsfaden und die Möglichkeit eines möglichen neuen Ausbruchs im Klaren gewesen, aber jetzt wusste ich, dass die Bombe entschärft war. Flow hatte mir ihr Herz geschenkt, weil sie mich respektierte, und dadurch konnte ich ihr wieder vertrauen. Wir waren jetzt im selben Team und ich fühlte, dass ich auf sie zählen konnte, wenn es drauf ankam.

Kurze Zeit später schien genau dies der Fall zu sein. Ich ritt mit Flow durch den Wald. Sie trug eine Westerntrense mit einem Gebiss. Die Zügel waren mit Schrauben an dem Gebiss befestigt und eine dieser Schrauben hatte sich gelockert, sodass einer der Zügel nun keine Verbindung mehr zum Pferdemaul hatte. Als ich realisierte, dass einer meiner Zügel locker zu Boden hing, galoppierte ich gerade mit Flow über einen breiten sandigen Pfad. Das war ein typischer Moment, den sie mit größter Leichtigkeit hätte ausnutzen können, aber sie tat es nicht. Sie bremste ab, sodass ich absteigen und den Zügel provisorisch am Gebiss befestigen konnte. Während ich ihren Hals lobend streichelte und wieder in den Sattel stieg, fühlte ich mich froh. Die Freundschaft war nun deutlich beiderseits.

Auch im Umgang wurde alles anders. Als Flow gerade zu uns gekommen war, musste ich meine Grenzen immer ganz genau bewachen, weil sie mich sonst buchstäblich umgerannt hätte. Dies stand im krassen Kontrast zu den subtilen Gesten, mit denen ich Eden und Hazel vom Boden aus lenken konnte. Eine kleine Handbewegung reichte aus, um sie anzuhalten, rückwärtsgehen oder auf mich zukommen zu lassen. Da Flow jetzt endlich versuchte, mit mir zusammenzuarbeiten, konnte ich sie auch vom Boden aus mit immer kleineren Gesten lenken. Dies fühlte sich sehr sicher und schön an, aber bedeutete nicht gleichzeitig, dass sie immer genau das tat, was ich von ihr erwartete. Das musste aber auch nicht sein. Für mich ist es wichtig, dass meine Pferde zeigen, was in ihnen vorgeht. Sie dürfen ruhig eine eigene Meinung haben.

Eines Tages hatte ich Flow beispielsweise fertig gesattelt auf dem Reitplatz stehen, und ich machte Eden und Hazel verständlich, dass sie durch das Tor in den Paddock gehen sollten. Ich sah, wie Flow guckte, denn obwohl sie gesattelt war und daher wusste, dass ich sie gleich reiten würde, wollte sie doch bei den anderen Pferden bleiben. Ich streckte meine Hand aus, um ihr damit zu zeigen, dass sie stehen bleiben sollte. In der Sekunde, als ich mich umdrehte, um das Tor zu schließen, stürmte sie plötzlich blitzschnell hinter Eden und Hazel her vom Reitplatz. „Pfui, Flow!", sagte ich streng, woraufhin sie auf der Hinterhand kehrtmachte, zurück zum Reitplatz lief und sich wieder an ihren Platz stellte. Sie schaute mich unschuldig mit großen Augen an, als ob sie sagen wollte: *Ich weiß nicht, was das gerade war, aber ich habe mich nicht von meinem Platz wegbewegt. Wie du siehst, steh ich ja hier.* So etwas finde ich super und eigentlich auch ganz rührend. Ein Pferd muss für mich nicht ohne zu zögern alle Befehle befolgen. Es darf gern seinen Charakter zeigen und auch mal schön frech und eigenwillig sein, solange dies nicht zu gefährlichen Situationen führt. Auf diese Weise bleibt es sowohl für den Menschen als auch für das Pferd schön.

(Foto: Shutterstock.com/makieni)

FLOWS CHAKREN

Bei den Workshops bei mir zu Hause hatte ich mich anfänglich oft für Flow entschuldigen müssen. Früher rannte sie nämlich überall mittendurch, was die Menschen einschüchterte. Nachdem aber zwischen Flow und mir eine Herzverbindung entstanden war, wurde ihr Benehmen viel besser. Jetzt stand sie meistens heftig leckend, kauend und schluckend dabei, damit sie alles, was über sie gesagt wurde, verarbeiten konnte. *Meinen sie das wirklich über mich? Das ist gar nicht so verkehrt, das ist gar nicht so schlecht. Ich bin also liebevoll, sensibel und auch intelligent,* hörte ich sie denken, während die Teilnehmer ihre Energie anfühlten und ihre aufblühenden Qualitäten aufzählten.

Oft sage ich, dass meine Pferde den besten Job auf der Welt haben. Das Einzige, was sie in den Workshops tun müssen, ist einfach sie selbst zu sein, sodass die Menschen lernen, dies wahrzunehmen. Eden und Hazel waren hieran gewöhnt, aber für Flow war es ungewohnt. Diese Aufgabe, nur gesehen zu werden, war wie für sie gemacht. Es war genau das, was sie brauchte. Nach und nach wurde sie bloß immer enthusiastischer. Das ging sogar so weit, dass sie sich zwischen die Kursteilnehmer drängelte, damit sie alles noch mal hören durfte. *Fühle meine Energie noch mal,* sagte sie mit ihrem Verhalten. *Sag mir noch mal, wie lieb, schlau und einzigartig ich bin.*

Ich finde es schön zu hören, was die Teilnehmer bei meinen Pferden fühlen. Jeder Mensch sieht ein Pferd etwas anders, da die Wahrnehmung von unseren eigenen Emotionen und Erfahrungen beeinflusst wird. Außerdem veränderten sich die Wahrnehmungen der Kursteilnehmer, je nachdem, wie weit Flow in ihrem Transformationsprozess war.

Flows Basischakra, bei dem die Verbindung mit der irdischen Realität fühlbar ist, war immer noch stark. Ihre Wurzeln saßen tief in der

Erde, aber die Energie wurde hier allmählich flexibler. Es fühlte sich jetzt angenehm und stark an, nicht mehr einschüchternd. Auch an den Reaktionen der Teilnehmer bemerkte ich eines Tages, dass es sie nicht mehr abschreckte, sondern eher anzog.

Ihr Sakralchakra, wo man bei Stuten die weibliche Energie spüren kann, blühte immer mehr auf, je fürsorglicher, sanfter und verantwortungsbewusster sie wurde. Anfangs war hier nur wenig zu spüren gewesen, aber allmählich fühlten sich die Teilnehmer bei diesem Chakra immer sicherer und geborgener. Trotzdem ist sie von ihrer Art her ein gutes Stück weniger mütterlich und fürsorglich als Eden oder Hazel. Das ist aber nicht weiter schlimm, so ist ihre Veranlagung.

Die Kursteilnehmer sagten regelmäßig, dass Flow sich eher wie ein Wallach oder Hengst anfühlte, während Eden und Hazel sehr weiblich waren. Ich erklärte dies damit, dass man Flow gut mit einer Karrierefrau vergleichen konnte, während Eden und Hazel im Vergleich dazu eher mütterliche Hausfrauen waren. Interessant war, dass ich immer so wie Eden und Hazel gewesen bin, aber bedingt durch meine Arbeit momentan immer mehr an die Öffentlichkeit trete, wodurch ich lernen musste, auch andere Fähigkeiten in mir anzusprechen.

Bei dem Solarplexuschakra, bei dem der allgemeine emotionale Zustand eines Pferdes fühlbar ist, entstand bei Flow immer mehr Tiefe. Sie fühlte sich jetzt nicht mehr nur oberflächlich glücklich, da all ihre Bedürfnisse gesehen wurden, sondern sie kannte auch das tiefere Glück, das entsteht, wenn man jemand anders wirklich etwas bedeutet. Die Energie strömte hier nicht mehr länger abstoßend nach draußen: Es war deutlich spürbar, dass Flow gelernt hatte, einen Menschen zu tragen. Sie fühlte sich nicht zu leicht und nicht zu schwer an, sondern war an diesem Punkt ganz genau im Gleichgewicht.

Bei ihrem Herzchakra, wo die Liebe und die Herzverbindung eines Pferdes fühlbar ist, wurde ebenfalls immer mehr Tiefe spürbar. Zu Anfang war Flows Herz zwar geöffnet, aber sie hatte nicht wirklich gelernt zu geben. In den Workshops konnte man sehen, dass die Menschen mehr und mehr von Flows Herzenergie genießen konnten, je freier ihre Liebe strömte.

Beim Kehlchakra ist das Maß, mit dem ein Pferd mittels Körpersprache und Verhalten kommunizieren kann, fühlbar. Früher, als Flow noch mit schwerem Geschütz kommunizierte, war die Energie hier sehr auffällig und kommandierend gewesen. Stück für Stück entstand auch hier ein Gleichgewicht. Flow war zwar noch immer sehr kommunikativ, aber sie überschrie sich selbst nicht mehr. Dadurch, dass sie gelernt hatte zuzuhören und begriff, dass es nicht immer nach ihrer Nase ging, war ein Gleichgewicht entstanden.

Das Stirnchakra steht für die Offenheit des Geistes, die Sensibilität und den Intellekt. Zu Anfang hatte Flow dort eine energetische Verhärtung gehabt, aber die war inzwischen verschwunden. Je nachdem, wie stark sich Flow für meine Anweisungen und ihre Umgebung öffnet, desto mehr öffnet sich auch ihr Stirnchakra. Durch die entstandene Offenheit war ihre Sensibilität jetzt plötzlich viel besser spürbar. Von ihrer Veranlagung her war Flow immer schon ein sensibles Pferd gewesen, nur hatte sich diese sensible Flow lange Zeit hinter der energetischen Verhärtung versteckt, die durch den zu sanften Umgang entstanden war. Ich hatte nie daran gezweifelt, dass Flow auch sehr intelligent war, aber sie selbst hatte dies sehr wohl infrage gestellt. Eine der Kursteilnehmerinnen hatte dies auch gefühlt: „Ich verstehe das nicht", sagte sie mir, „sie scheint so intelligent zu sein und trotzdem fühlt sie sich dumm." Trotzdem blieb Flows Stirnchakra ganz anders als das von Eden oder Hazel. Was immer deutlich spürbar blieb und daher wohl auch in ihrer Natur lag, war die Tatsache, dass sie nicht leicht zu beeinflussen war, obgleich sie sich in diesem Punkt geöffnet hatte. Flow war von Natur aus ein Pferd, das seinem Weg und Gefühl treu blieb, ein sehr eigensinniges Pferd also. Dies erklärte auch, warum es zwischen Flow und Marijke schiefgelaufen war. Flow hatte einen sehr bestimmenden Charakter, und in Kombination mit ihrer starken Basis und Sensibilität stellte dies hohe Ansprüche an den Menschen. Sie würde niemals ein einfaches Pferd werden. Für mich ist das aber auch nicht wichtig.

Flows Kronenchakra, bei dem die Verbindung mit dem Himmlischen spürbar wird, blieb unverändert. Dieses war immer schon weit geöffnet gewesen als Zeichen für ihre Verbundenheit mit dem Universum.

(Foto: Shutterstock.com/Andrzej Kubik)

EINE NEUE AUFGABE FÜR FLOW

Es wurde Frühling und überall begann das Gras zu sprießen. Inzwischen hatten wir ein extra Stück Land von dem Bauern neben uns anmieten können. Das erleichterte uns das Leben mit den Pferden ungemein, denn nun musste ich zum Ende des Sommers nicht mehr befürchten, dass meine Pferde kein Gras mehr zu fressen haben würden und ich nach Alternativen auf die Suche gehen müsste. Die einzige Einschränkung, die wir in dieser Hinsicht noch hinnehmen mussten, war die Tatsache, dass er im Frühling die Wiese zuerst einmal mähen wollte, bevor die Pferde nach Herzenslust darauf grasen durften. Als Tineke hörte, dass sich meine Pferde noch ein paar Wochen gedulden mussten, ehe sie auf die große Weide durften, bot sie wieder spontan an, dass die drei mit zu ihr auf die Koppel durften. „Ich meine nicht nur Flow, sondern alle drei", verdeutlichte sie ihr Angebot abermals. Ich lachte und versicherte ihr, dass ich Flow nicht noch einmal allein irgendwo übernachten lassen wollte. Dies war das letzte Mal nämlich nicht gerade erfolgreich gewesen … Ich freute mich sehr über das herzliche Angebot von Tineke, und ich war mir auch sicher, dass, wenn ich alle drei Pferde dorthin bringen würde, keines mehr plötzlich verschwinden würde. Flow war mittlerweile ein fester Bestandteil meiner kleinen Herde geworden. Sie war nicht mehr länger der störende Faktor der Herde, welcher immer für Unruhe, Disharmonie und Chaos sorgte, sondern hatte sich zu einem vollwertigen und konstruktiv beitragenden Herdenmitglied entwickelt. Aus diesem Grund stellte sich für mich nun auch nicht mehr die Frage, ob ich Flow allein weggeben sollte, damit Eden und Hazel sich von ihr erholen konnten. Dies war inzwischen zum Glück nicht mehr notwendig. Ich beschloss also, Tinekes Angebot dankend anzunehmen und meine kleine Herde so schnell wie möglich zu ihr auf den Bauernhof zu bringen, damit auch meine drei Stuten von dem frischen Gras genießen konnten.

Als ich meine drei Stuten zu Tineke auf die Weide brachte, sah ich zum ersten Mal ganz deutlich, wie stark die drei zusammengewachsen waren und wie sehr Flow sich verändert hatte. Inmitten von Tinekes Pferden und auf deren Terrain musste sich Eden erst einmal in ihrer gewohnt vorsichtigen Art und Weise einen Überblick verschaffen, damit sie die Lage einschätzen und für größtmögliche Sicherheit für ihre Herde sorgen konnte. Ich sah, wie sie versuchte, Hazel vor den anderen Pferden zu beschützen, die sie von allen Seiten bedrängten. Wäre die ganze Situation nicht so stressig für Eden gewesen, hätte ich mich wie eh und je über die absolute Harmonie zwischen Mutter und Tochter gefreut, die vor allem dann zu sehen ist, wenn Eden und Hazel zusammen über die Weide traben, und dabei absolut synchron laufen.

Auch jetzt wich Eden keinen Zentimeter von der Seite ihrer Tochter, aber sie konnte natürlich nur an einem Ort zur selben Zeit sein. Flow verstand ohne Worte, wie sie Eden helfen konnte, und wollte ihren Teil dazu beitragen, Eden zu unterstützen. Sie platzierte sich auf Hazels anderer Seite, um sie auch von dieser Seite abzuschirmen. Seite an Seite trabten die drei Stuten in dieser Formation über die Weide. Die Harmonie, die ich sonst nur von Eden und Hazel gewohnt war, sah ich nun in meinen drei Stuten. Es schien fast so, als wären sie durch eine unsichtbare Schnur miteinander verbunden. Mein Herz strömte über vor Stolz, als ich realisierte, dass sie inzwischen eine echte Dreieinheit formten.

Nach diesem herrlichen Schauspiel hielten die drei in einer Ecke der Weide an, während sich Tinekes Pferde jetzt auch zu einer großen Herde zusammengefunden hatten. Die beiden Parteien blieben direkt gegenüber in einigem Abstand zueinander stehen und beäugten sich interessiert, aber auch distanziert. Was dann passierte, war für mich eine Bestätigung, dass Flow wirklich die Nachfolgerin von Eden werden würde. Nachdem sich die Herden einige Minuten gegenübergestanden waren, schaute Eden Flow eindringlich an und machte ihr deutlich, dass sie wollte, dass Flow nach vorn ging. Es schien so, als wäre sich Flow zuerst nicht ganz sicher, ob sie die Geste richtig gedeutet hatte, denn sie schaute noch einmal Eden an, um sich zu vergewissern, dass sie es auch wirklich richtig verstanden hatte. Eden wiederholte ihre Aufforderung noch einmal in aller Deutlichkeit. Sie schickte Flow tatsächlich vor, damit sie den ersten Kontakt mit der anderen Herde aufnehmen konnte.

Absolut ruhig, besonnen und überdeutlich auch mit Stolz erfüllt, dass ihr diese verantwortungsvolle Aufgabe von Eden zugeteilt worden war, ging sie auf die Leitstute von Tinekes Herde zu. Die beiden Stuten bliesen sich gegenseitig in die Nüstern und quietschten sich ein paarmal aufgeregt an, so wie es bei Pferden beim ersten Kennenlernen üblich ist. Als beide Stuten überzeugt davon waren, dass die jeweils andere keine Gefahr darstellte, lief Flow zurück zu Eden, um ihr zu berichten. *Die sind in Ordnung*, hat sie wohl gesagt, weil Eden erleichtert schien und Hazel nicht mehr länger beschützte.

Wenn ich ehrlich bin, ist es meiner Meinung nach auch nicht wirklich nötig, dass sie Hazel immer so beschützt. Hazel ist eine erwachsene Stute, die sehr gut auf sich selbst aufpassen kann und auch mit anderen Pferden sehr umgänglich ist. Der Drang, sie schützen zu wollen, kommt von Eden, die generell sehr misstrauisch ist und eine mütterliche, fürsorgliche und auch eher achtsame Art an sich hat. Sie ist sehr vorsichtig und geht lieber kein Risiko ein, wenn es um ihre Tochter geht, und das kann ich – da ich selbst Mutter bin – sehr gut nachvollziehen. Dass Flow Edens Anweisung, den ersten Kontakt mit Tinekes Herde herzustellen, nicht angezweifelt hatte und sie Eden darin bedingungslos unterstützte – sei es, indem sie gemeinsam mit ihr Hazel beschützt oder eben die ihr aufgetragenen Aufgaben, ohne diese zu hinterfragen, erledigte – tat sicherlich nicht nur mir gut. Auch Flow profitierte von dem ihr entgegengebrachten Vertrauen, denn so wurde ihr eine wichtige Aufgabe in der Herdengemeinschaft zuteil, die sie sichtlich mit Stolz erfüllte. Außerdem bewies Flows Handeln heute auch Eden, dass sie sich nun auf Flow verlassen konnte. Dies war vor allem für Eden sehr wichtig, da die neue Flow in Anbetracht der sich langsam, aber sicher zurückziehenden Lebensenergie von Eden eine wertvolle Entlastung darstellte.

(Foto: Shutterstock.com/Andrzej Kubik)

EIFERSUCHT, ZWEIFEL UND FALSCHE ERWARTUNGEN

Fast zwei Wochen später waren meine Pferde wieder zu Hause, wo sie nun nach Herzenslust auf der frisch gemähten Wiese grasen konnten. Es war zu dieser Zeit, als mich Karel und Marijke besuchten. Einen besseren Zeitpunkt hätte es nicht geben können. Ich freute mich sehr darauf, ihnen zu zeigen, wie sich Flow entwickelt hatte. Als wir auf die Koppel kamen, standen meine drei Stuten in einer Reihe, wobei Flow in der Mitte stand. Flow erkannte ihre ehemalige Besitzerin sofort wieder, wieherte laut und ging auf sie zu. Karel und Marijke waren sichtlich gerührt über diesen Empfang. Die beiden streichelten und bewunderten sie ausgiebig. Ich machte buchstäblich einen Schritt zurück, und obwohl es mich für sie sehr freute, dass das Wiedersehen so verlief, war es für mich persönlich doch schwer mitanzusehen. „Du bist doch nicht etwa eifersüchtig, oder, Nanda?", fragte Marijke, als sie aufschaute und sah, dass ich doch etwas verdrießlich dreinschaute. Eifersucht ist ein Gefühl, das mich nicht oft heimsucht, aber Flow hatte schon mehr bei mir an die Oberfläche gebracht, von dem ich nicht wusste, dass ich es in mir trug. Ihre Reaktion tat mir tatsächlich sehr weh. „Ich glaube schon", sagte ich in aller Offenheit und einigermaßen überrascht zu Marijke. „Flow bleibt bei dir", antwortete sie daraufhin beruhigend. Das zu sagen war zwar sehr lieb von ihr, aber ich fühlte mich dadurch nicht besser. Ich machte mir nämlich keine Sorgen, Flow zu verlieren, aber neben Marijke fühlte ich mich eher wie Flows Trainerin und nicht wie ihre Besitzerin.

Marijke und Karel waren voll des Lobes über alles, was ich mit Flow bislang erreicht hatte, aber genau dies bestärkte mein Gefühl, dass sie eher ihr Pferd war. Wenn ich Flow für sie trainiert hätte, wäre es der Punkt gewesen, an dem ich sie ihnen wieder mit nach Hause gegeben hätte. Die Tatsache, dass Flow für immer bei mir bleiben sollte, fühlte sich in dem Moment merkwürdig an. Ich fühlte mich eher wie Flows Patentante, während Marijke in diesem Vergleich eher die Mutter wäre. Dadurch, dass ich für Flow täglich sorgte, hatte ich mich zwischenzeitlich wie ihre Mutter gefühlt. Ich hatte erwartet und gehofft, dass dieser Rollentausch durch den Besuch von Marijke gefestigt werden würde. Es überraschte und verwirrte mich, dass dies nicht geschah.

Nachdem wir ausgiebig geplaudert und Tee getrunken hatten, beschlossen wir, noch einen kleinen Ausritt zu machen. Marijke sollte auf Hazel und ich auf Flow reiten. Es wurde ein gemütlicher und entspannter Ausflug, genauso schön wie damals mit den beiden Zuchtstuten. Nach unserem Ausritt zeigte ich ihr, wie Flow nun auch beim Reiten auf dem Platz ihr Bestes gab. Danach fragte ich Marijke, ob sie Flow auch noch kurz auf dem Platz reiten wolle. Ich versicherte ihr, dass nichts Schlimmes passieren würde, aber Marijke ließ sich davon nicht überzeugen. Sie bedankte sich aufrichtig, sagte aber, dass sie mit Flow zu viel erlebt habe, um sich das zu trauen. Ich öffnete das Tor zur Weide, aber Flow machte keine Anstalten, den Platz zu verlassen. Sie blieb noch eine Weile am Zaun stehen, während sie sich von Marijke und Karel streicheln ließ, ehe sie schlussendlich langsam, aber bewusst auf die Weide ging und zu Eden und Hazel zurückkehrte.

Es war ein sehr schöner Tag gewesen, aber doch gab es vieles, was mich nachdenklich machte. Zunächst einmal hatte der Tag mir nicht die Bestätigung gebracht, auf die ich gehofft hatte. Was ich erwartet hatte, war, dass ich Marijke die neue Flow hätte zeigen können, aber dies war meiner Meinung nach nicht gelungen. Wenn Marijke Flow anschaute, sah sie zum einen das liebe kleine Fohlen, das zu ihr zurückgekehrt, bei ihr geboren und aufgewachsen war und das sie innig liebte. Zum anderen sah sie das störrische und unberechenbare Pferd, das Flow später geworden war und vor dem sie sich fürchtete. Egal wie schön und sonnig das erste Bild auch war, früher oder später würde es immer wieder von den dunklen Erinnerungen überschattet werden. Mein Bild von Flow lag genau in der Mitte: Ich sah sie als selbstbewusste, stolze Stute, die sich unter allen Umständen selbst treu blieb, die aber auch bereit war, „ihrem Menschen" ihr Herz zu schenken und für einen zu arbeiten, wenn sie sich respektiert fühlte.

Dieses Bild konnte ich nicht mit Marijke teilen, aber umgekehrt konnte ich auch Flow nicht so sehen, wie Marijke sie sah. Mit dem dunklen Bild hatte ich mittlerweile hinreichend Bekanntschaft gemacht und wollte es am liebsten vergessen, aber so, wie Marijke sie sah, wenn sie an das liebe, sanfte Fohlen dachte, das zu ihr zurückgekehrt war, sah ich sie nicht. Diese intensiven, liebevollen Gefühle auf höchstem Niveau hegte ich zwar für Eden und Hazel, aber nicht für Flow. Ich war sehr stolz auf die Herzverbindung zwischen Flow und mir gewesen, aber in den Tagen nach dem Besuch drängte sich mir langsam, aber sicher die Erkenntnis auf, dass wir noch keine Seelenverbundenheit aufgebaut hatten. Der Besuch hatte nicht bestätigt, was ich bereits erreicht hatte, sondern mir gezeigt, was noch nicht geschehen war.

Die Seelenverbundenheit mit dem eigenen Pferd war für mich immer etwas, das automatisch entsteht, wenn man sich aus seinem Herzen heraus mit seinem Pferd verbindet. Folgt man dann dem Pfad seines Herzens weiter, ist dies das unvermeidliche Endergebnis. Als ich früher mit Eden gearbeitet hatte, war es mein Ziel, sie irgendwann einmal reiten zu können, und mein größter Traum, das auch mal ohne Zügel tun zu können. Erst im Nachhinein begriff ich, dass dieses zügellose Reiten ein Nebenprodukt eines viel höheren Ziels war: der Seelenverbundenheit. Bei Hazel war die Seelenverbundenheit bereits sofort nach der Geburt vorhanden, weil sie zu mir zurückgekommen war, genauso, wie Flow es bei Marijke getan hatte. Zu der Zeit hatte ich gefühlt, dass Flow Marijkes Seelenpferd war. Dadurch, dass Marijke einen anderen Weg für sich ausgewählt hatte, rückte Flow näher zu mir, und inzwischen hatte sie mir ihr Herz geschenkt. Würden wir jemals Seelenverwandte werden oder war dies Marijke vorbehalten? Was wäre, wenn ich mein Herz an ein Pferd verloren hätte, das seelisch gesehen bereits jemand anders gehört? Marijke war überzeugt davon, dass alles so geschehen sollte. Flow hatte mir damals schon gezeigt, dass ihr Weg – je nachdem, wie Marijke sich entschieden würde – näher zu mir führen könnte. Gern wollte ich glauben, dass alles vorbestimmt war, aber irgendwie fühlte es sich für mich nicht so an.

Die Zweifel, die der Besuch von Marijke und Karel bei mir hervorgerufen hatte, nahmen unverkennbar auch Einfluss auf Flow. Nach ihrem Besuch kam das alte dunkle Spiegelbild plötzlich wieder zum

Vorschein. Flow fing wieder an, meine Grenzen auszutesten, und wurde auch in der Herde wieder konfrontierend und nervig. Fast schien es so, als würde sie selbst auch zweifeln, wem sie sich auf höchstem Niveau eigentlich zugehörig fühlte. Ich realisierte, dass wir Gefahr liefen, in einen Teufelskreis zu geraten, denn Flows alte Verhaltensweisen stärkten meine Angst, dass sie immer Marijkes Pferd bleiben würde. Ich telefonierte in dieser Woche sehr viel mit Marijke, um die Dinge wieder klar zu sehen, aber meine Verwirrung wurde nur noch größer. „Es ist doch schön, dass wir sie beide mögen", sagte sie. „Das war mit Natasha doch genauso. Du willst ohnehin kein Pferd besitzen. Sie kann einfach uns beiden gehören, oder?" So gern ich dies auch wollte – es ging nicht. Solange Flow nicht zu 100 Prozent mir gehörte, würde das alte Spiegelbild nie vollständig verschwinden. Die Situation damals mit Natasha war eine völlig andere gewesen. Da sie ein liebevolles und wohlwollendes Pferd war, hatte das alte Spiegelbild niemandem im Weg gestanden. Ich wusste wirklich nicht, wie es jetzt weitergehen sollte. Ich hatte Angst, dass der Weg, der Flow und mich zur Seelenverbundenheit bringen würde, blockiert war.

Ich beschloss, etwas auf Abstand zu gehen, und ritt in den folgenden Tagen nur noch Hazel. Es war herrliches Wetter und wir machten einen Ausritt nach dem anderen. Es ist immer wieder ein Genuss, gemeinsam mit Hazel unterwegs zu sein. Sie ist ein so unbesorgtes und fröhliches Pferd. Wenn wir zusammen unterwegs sind, macht mich das immer total glücklich. Ich dachte darüber nach, wie viel Energie ich bereits in Flow gesteckt hatte, obwohl ich nicht sicher war, ob sie mir jemals ganz gehören würde. Vielleicht hatte ich Hazel vernachlässigt, als ich all meine Zeit mit Flow verbrachte. Als ich nach vier Tagen der langen Ausritte mit dem Halfter in den Händen auf Hazel zukam, machte sie mir unmissverständlich klar, dass es heute so nicht weitergehen würde. Sie drehte sich um, lief vor mir davon und brachte mich geradewegs zu Flow, die ein bisschen weiter weg am Grasen war. Hazel zeigte mir mit ihrem Kopf an, dass Flow jetzt mal wieder dran war, geritten zu werden. *Dass ich so lieb und brav bin, bedeutet noch lange nicht, dass du mich jeden Tag reiten musst*, hörte ich ihre Stimme laut und deutlich in meinen Gedanken. Sie drehte sich vielsagend um und ging grasen, während sie mich mit Flow zurückließ.

Flow schaute vom Grasen auf und ich legte meine Hand auf ihren Widerrist. „Was soll ich bloß mit dir anfangen?", seufzte ich. „Du verlangst so viel von mir, weil ich bei dir immer 100 Prozent geben und in meiner ganzen Kraft stehen muss. Das ist an sich auch nicht so schlimm, aber dann will ich auch wissen, dass meine Bemühungen belohnt werden und du irgendwann mein Seelenpferd sein wirst. Ich will nicht diejenige sein, die sich Tag und Nacht für dich abschuftet, wenn du im tiefsten Inneren immer das Pferd von Marijke sein wirst." Ich erwartete keine Antwort, im Gegenteil. Ich war gerade an dem Punkt angekommen, an dem ich komplett losgelassen hatte und keine Erwartungen mehr hegte. Es blieb kurz still und dann hörte ich Flows Stimme glasklar in meinen Gedanken antworten: *Du musst Besitz von mir ergreifen, Nanda…*

Die Einfachheit der Nachricht überraschte mich schon sehr. Ist es wirklich so leicht? Ich dachte kurz darüber nach und realisierte, dass ich mich in der Tat sicher zurückhielt, allein aus dem Grund, weil Marijke meine Freundin war. Als ich Eden bekam, hatte ich ihre ehemalige Besitzerin noch nicht einmal gekannt. Es hätte gut sein können, dass Eden auch zu ihr zurückgekehrt war und demnach eigentlich ihr Seelenpferd gewesen war, aber das hätte ich nicht wissen können. Bis zu diesem Zeitpunkt hatte ich vorher auch noch nie darüber nachgedacht, ob ein Pferd seelisch auch bereits mit jemand anders verbunden sein könnte. Eigentlich standen mir die Informationen, die ich dadurch hatte, dass Marijke und ich so viele Jahre gut befreundet waren, jetzt im Weg. Ich wollte Marijke nicht wehtun, aber es war eine Tatsache, dass sie sich von Flow distanziert hatte. Sie wollte Flow auch nicht zurück und es fühlte sich so an, als wäre dies jetzt die letzte Möglichkeit, Flow doch noch zurückzugeben. Marijke zweifelte keinen Moment daran, dass sie den sonnigen Weg weitergehen würde, und deswegen sollte auch ich nicht mehr zweifeln, zusammen mit Flow weiterzugehen auf dem Weg zur Seelenverbundenheit. Ich musste wirklich von Flow Besitz ergreifen, und um dies zu erreichen, müsste ich mir etwas weniger Sorgen um die Gefühle meiner Freundin machen. Niemandem wäre damit geholfen, wenn ich mich weiterhin zurückhielt; dann würde Flows dunkles Spiegelbild nie verschwinden und keine von uns dreien würde ihren Frieden mit der Situation schließen können.

„Komm", sagte ich zu Flow, während ich ihr das Halfter anlegte, „wir machen uns wieder an die Arbeit. Zeig mir doch mal, wie gern du mir gehören willst. Lass mich spüren, dass du gerne für mich arbeiten möchtest." Ich sattelte sie auf und ritt mit einer Entschlossenheit, die wirklich nichts zu wünschen übrig ließ. An diesem Tag ergriff ich vollständig Besitz von ihr.

Es ist schon erstaunlich, wie die Kraft deiner Gedanken und Intentionen so stark sein kann, dass sie eine sofortige Wirkung auf dein Pferd haben. Wir übten den Rollback, eine Übung aus dem Westernreiten, wobei das Pferd lernt, seine Hinterhand vermehrt zu belasten, dann zu drehen und auf der anderen Hand weiterzulaufen. Je mehr ich von ihr verlangte, desto mehr schien Flow in ihrem Element zu sein. Ich fühlte, wie sie ihr Bestes gab, wie sie ihren Körper bog und drehte, um jeder meiner Bewegungen zu folgen. Sie arbeitete wirklich sehr hart für mich. Bei dem Spin, den wir auch schon seit einiger Zeit übten, schaffte sie es zum ersten Mal, richtig schnell zu werden. An jenem Tag war ich sehr zufrieden mit ihr. Was für ein tolles Pferd sie doch war, wenn ich einfach keinen Moment zweifelte und komplett die Führung übernahm.

Nach einer guten Stunde reichte es uns. Ich glitt aus den Bügeln und schwang mein rechtes Bein über ihren Hals. Ich landete in großem Bogen und mit einem breiten Grinsen im Gesicht auf dem Boden. Ich lief zum Zaun, um meine Kappe abzusetzen, und Flow folgte mir auf dem Fuß. Ich sattelte sie ab und klopfte ihr den verschwitzen Hals, als ich wieder ihre Stimme hörte: *Folge deinem Herzen, Nanda,* hörte ich sie in meinen Gedanken sagen. Ich zögerte. Während meiner Workshops lasse ich die Teilnehmer immer kurz das Herzchakra ihrer Pferde erfühlen, aber selbst mache ich das meistens nicht – jedenfalls nicht „ganz offiziell". *Fühle mein Herz, Nanda*, hörte ich Flows Stimme jetzt etwas eindringlicher. Ich legte meine linke Hand auf ihre Brust, genau dort, wo das Herzchakra sich öffnet und die Liebe eines Pferdes spürbar ist, während ich meine rechte Hand auf ihrem Widerrist ruhen ließ. *Na los, frag mich schon!* hörte ich ihre Stimme wieder, und ich stellte ihr die offizielle Frage, die zu diesem Chakra gehört: „Ist dein Herz für mich geöffnet, Flow?" Im nächsten Augenblick hatte ich das Gefühl, als würde ich kopfüber in ihr Herz fallen – als sei es so weit geöffnet und so voller Liebe, dass ich darin ertrinken könnte. Mir kamen die Tränen vor Glück und vor Rührung. Oh, wie fühlte ich mich in ihrem Herzen willkommen!

„Ist dein Herz auch für Marijke geöffnet?", fragte ich sie dann. *Aber ja doch*, hörte ich Flow antworten. *Marjike und ihre Familie werden immer einen besonderen Platz in meinem Herzen haben.* Ich schluckte. *Aber, Nanda*, redete Flow weiter, *hast du überhaupt eine Vorstellung davon, wie groß mein Herz ist und wie viel Liebe ich zu geben habe? Es gibt genug Platz, und Marjike hat doch auch einen Platz in deinem Herzen?* Das bejahte ich sofort, und als Mutter von vier Kindern wusste ich auch sehr genau, dass man Liebe nicht teilen muss. Vielmehr lässt sie sich schier unendlos multiplizieren. Es war wirklich nicht so, dass ich Marijke den Platz in Flows Herzen nicht gönnen würde. Ich hatte nur Angst, dass dies der von mir ersehnten Seelenverbindung im Weg stehen könnte. *Frage mich nach dem Unterschied*, hörte ich wieder Flows Stimme. „Gut", sagte ich etwas zögernd, „wo ist der Unterschied?"

Als ich ganz zu Anfang Flows Herzchakra erfühlt hatte, war da noch eine gewisse Unruhe zu spüren gewesen, so als ob ihr Herz noch nicht wusste, wo es hingehört. Die gleiche Unruhe ließ sie mich jetzt wieder fühlen. In diesem Moment fiel der Groschen bei mir, denn als ich kurz vorher fast in ihrer Liebe ertrunken war, war die Unruhe noch nicht da gewesen. Da gab es nur ein Gefühl von innerer Ruhe und auch von „nach Hause kommen". „Wenn ich ganz von dir Besitz ergreife, dann kann dein Herz bei mir sein Zuhause finden", flüsterte ich aufgeregt. *Genau*, sagte Flow in meinen Gedanken, *dir kann ich mich komplett hingeben, und das braucht mein Herz jetzt dringend, um zur Ruhe zu kommen.* „Uns steht also nichts im Weg?", fragte ich zur Sicherheit noch einmal. *Nein*, hörte ich Flows Antwort, *deine Fähigkeit, mich in Besitz zu nehmen, ist dazu bestimmt.* Meine Gedanken kehrten noch einmal zu dem Besuch von Marijke und Karel zurück und vor allem zu jenem Moment nach dem Reiten, als Flow noch eine Weile bei ihnen stehen geblieben war. *Du dachtest, dass ich mit zurückwollte, zu den sonnigen Weiden Frankreichs,* hörte ich Flow sagen. *Du hast nicht verstanden, dass ich dabei war, Abschied zu nehmen.*

(Foto: Shutterstock.com/hofhauser)

SEELENPFADE

In der Nacht hatte ich einen eindeutigen Traum. Ich stand am Anfang eines Sandpfades und Flow wartete dort bereits auf mich. *Ich will dir etwas zeigen und dir etwas erzählen, wodurch du alles besser verstehen wirst,* sagte sie. *Steig auf, dann werden wir ein Stückchen gemeinsam reiten.* Flow trug mich über den Pfad, der sehr deutlich ihr eigener Lebensweg war. Links von uns sah ich den sonnigen Weg von Marijke, der allmählich immer weiter abbog. *Schau mal rechts von dir,* sagte Flow. *Siehst du, wer da läuft?* Ich blickte nach rechts und sah, dass auch dort ein sandiger Pfad verlief, der immer näher kam. Zwei Schimmel liefen dort. Ich wusste sofort, dass es sich bei den Pferden um Eden und Hazel handelte. *Ja,* sagte Flow, *das ist dein Weg, Nanda, auf dem du von Eden und Hazel begleitet wirst.* Nach einer Weile verschmolz der Weg von Flow mit dem von Eden und Hazel, und ich begriff, dass dies der Zeitpunkt war, an dem Flow in mein Leben gekommen war. Sehr symbolisch wurde der Weg in jenem Moment sehr holprig. Es gab viele Höhen und Tiefen. Ich musste grinsen. Es war wirklich nicht einfach gewesen.

Eden lief voraus und zeigte Flow und mir den Weg, während Hazel schräg hinter uns weiterlief, um uns aus dieser Position heraus zu unterstützen. Nach einer Weile wurde der Weg wieder eben und kurz, darauf wechselten die Pferde ihre Position. Eden hielt kurz an und zeigte Flow, dass sie nun vorgehen sollte. Dies tat sie genauso, wie sie es damals auf der Weide von Tineke gemacht hatte. Jetzt führte Flow die Gruppe an, mit Hazel dicht neben uns und Eden, die alles von hinten überblickte und uns folgte. Ich schaute besorgt nach hinten zu Eden. „Wirst du etwa müde?", fragte ich sie. Eden beruhigte mich:

Aber nein, sagte sie zufrieden, *es ist für mich mal ganz schön, nicht immer die Führung zu haben. Ich bin froh, dass Flow diese Aufgabe ab und an übernimmt, sodass ich meine Kraft etwas einsparen kann.*

Schau mal nach vorn, Nanda, hörte ich Flow sagen, *an diesem Punkt waren wir eben gerade in unserem Leben*. Ich blickte nach vorn und sah, dass sich von dem immer noch sichtbaren linken Weg ein Seitenpfad abzweigte, der in unserem endete. Ich begriff sofort, dass dies der Moment war, als Marijke bei uns zu Besuch gewesen war. *Stimmt*, bestätigte mich Flow, *und auch die letzte Möglichkeit, wo sie mich noch hätte zurücknehmen können*. Ich schaute weiter nach vorn und sah, wie der linke Weg sich immer mehr von dem unseren entfernte, bis er schlussendlich aus meinem Gesichtsfeld verschwand. Plötzlich realisierte ich etwas: Wenn ich jetzt weiter mit Flow unserem Lebensweg folgte, würde Marijke sich immer mehr von mir entfernen. *Genauso ist es*, sagte Flow, *das ist im Moment unvermeidlich, weil der Wechsel vollzogen ist und ihr jetzt beide, unabhängig voneinander, andere Dinge erleben müsst. Das ist aber nicht weiter schlimm. Eure Wege sind derart miteinander verbunden und verwoben, dass ihr einander von selbst wiederfinden werdet. Je nachdem, welche Entscheidungen du in deinem Leben triffst, führt dich dein Weg in eine bestimmte Richtung. Ich habe Marijke so weit gebracht, wie es für sie notwendig war. Sie ist dort, wo sie sein wollte, und meine Aufgabe ist von den neuen Pferden in ihrem Leben übernommen worden. Ebenso verhielt es sich mit der Aufgabe von Natasha, meiner Mutter. Auch diese Aufgabe war zweigeteilt, genau wie meine. Natasha hat den ersten Teil ihres Lebens mit dir und den zweiten Teil mit Marijke geteilt. Bei mir ist es genau andersherum. Ich bin zu Marijke zurückgekehrt, um die Aufgabe meiner Mutter fortzuführen. Jetzt geht mein Leben gemeinsam mit dir weiter. Meine Mutter hat dir dies schon vor langer Zeit gesagt, Nanda. Das Universum ist perfekt. Auch wenn Dinge in euren Augen falsch gelaufen sind, sind sie auf dem höchsten Niveau doch richtig.*

Eden ging nach vorn und schaute mich an. *Ich repräsentiere den gekränkten Teil in dir*, sagte sie sanft. *Dieser ist inzwischen geheilt und damit auch nicht mehr so stark im Vordergrund. Hazel stellt den unbefangenen und unbesorgten Teil deiner selbst dar – dein inneres Kind. Von und mit ihr darfst du einfach nur genießen. Durch ihre besondere Lebenserfahrung kann Flow dir wieder zu einem weiteren Schritt nach vorn helfen. Sie spiegelt den verlorenen Teil in dir wider.* „Den verlorenen Teil meiner selbst...“, wiederholte ich.

Ja, erklärte Flow weiter, *da man mir in meinem Leben zu wenig Grenzen aufgezeigt hatte, wurde ich zu stark und zu konfrontierend. Ich hatte keinen Respekt, überschrie mich selbst und krachte buchstäblich und symbolisch durch alle Grenzen. Aber du warst das andere Extrem, Nanda. Du hast schon in jungen Jahren erfahren, dass man es dir nicht dankte, wenn du andere mit der Wahrheit konfrontiert hast. Dadurch bist du zu vorsichtig geworden. Genauso wie wir Pferde siehst du alle Schatten, die die Menschen um sich herum haben. Du weißt aus Erfahrung, dass dies ein Feld voller Minen ist, und du bist sehr gut darin geworden, diese Schattenseiten zu meiden. Die Tatsache, dass du die Grenzen anderer respektierst, ist gut, aber wenn andere Menschen ihre Schatten auf deinen Weg fallen lassen, musst du da wirklich nicht im weiten Bogen drum herumgehen. Du darfst ruhig deine Wahrheit daraufscheinen lassen, auch wenn die anderen dies als sehr konfrontativ empfinden. Genau weil wir solche komplett unterschiedlichen Erfahrungen gemacht haben, können wir einander wieder ins Gleichgewicht bringen. Du hast mich mit mir selbst konfrontiert und dabei hast du den konfrontierenden Teil deiner selbst wiedergefunden. Als du dann komplett von mir Besitz ergriffen hast, konntest du den verlorenen Teil von dir auch wieder umarmen und in dein Herz schließen.*

In Eden, so erzählte Flow weiter, *hat sich dein Herz damals wiedererkannt, während Hazel ein Kind deines Herzens ist, aber ich mache dein Herz wieder komplett. Alles ist so gekommen, wie es kommen musste. Wenn ich nicht so konfrontierend und eigensinnig gewesen wäre, hätte ich niemals meinen Weg in dein Leben gefunden. Wäre ich nicht die Tochter deiner geliebten Natasha gewesen, hättest du diese Herausforderung niemals angenommen. Deine eigene Entscheidung vor langer Zeit, meine Mutter aus Liebe an Marijke zu geben, hat dafür gesorgt, dass alles so laufen konnte. Alles ist miteinander verbunden, Nanda. Alles ist verbunden. Man erntet, was man sät…*

Mit diesem Satz noch in meinen Gedanken nachklingend wurde ich wach und die Welt sah plötzlich ganz anders aus.

(Foto: Christiane Slawik)

FREIHEIT AUF HÖCHSTEM NIVEAU

Ich zog mich an und lief hinüber zum Stall, damit ich den Pferden ihr Frühstück geben konnte. Als ich zu Flow kam, fühlte ich direkt, dass zwischen uns alles anders war. Der Nebel des Zweifels, der mir schon eine Weile die Sicht genommen hatte, war komplett verschwunden. Ich verstand jetzt, dass unserem gemeinsamen Weg zur Seelenverbundenheit nichts mehr im Weg stand. Und mehr noch: Während Flow an ihrem Heu knabberte und ich ihr über die Mähne strich, begriff ich, dass ich auf dem allerhöchsten Niveau Liebe für sie empfand. Alles stimmte jetzt, auch für mein eigenes Empfinden.

Ich war dankbar, dass Flow in mein Leben gekommen war, dankbar dafür, wie sie gewesen war und wie sie unter meinem Einfluss geworden ist. Auch die Tatsache, dass ich mich ebenfalls verändert hatte in der Zeit, seitdem Flow bei mir war, wurde mir bewusst. Ich stand jetzt viel stärker mit den Füßen auf dem Boden. Es fühlte sich tatsächlich so an, als hätte ich einen längst vergessenen Teil von mir wiedergefunden. Man könnte sagen, dass die Flow in mir erwacht war, während Flow die Nanda in sich wiedergefunden hatte.

Es ist schön zu sehen, wie das Universum funktioniert, denn in den darauffolgenden Wochen hatte ich oft die Gelegenheit, meine Wahrheiten in Situationen auszusprechen, in denen ich es mich früher nicht getraut hätte. Dank Flow ist es mir nun aber möglich, und das fühlte sich sehr befreiend an.

Die Wahrheit ist so ein kraftvolles Werkzeug, bloß leider sind Menschen, die ehrlich und bewusst leben, oft voller Zweifel. Menschen, die unbewusst durch ihr Leben gehen und ihre eigenen Wahrheiten nicht kennen oder absichtlich verändern, sind generell weniger ängstlich und zurückhaltend als die bewusst lebenden Menschen. Oftmals werden sie sogar richtig wütend, wenn das Licht der Wahrheit auf ihre Schatten fällt. Um der Welt und allem, was lebt, dabei zu helfen, sich selbst zu heilen, müssen gerade die bewussten, sensiblen und fürsorglichen Menschen sich trauen, ihre Meinung zu sagen beziehungsweise ihre Wahrheiten auszusprechen, auch wenn dies andere Menschen wütend machen kann. Flow hat mich eben dies gelehrt: Egal was andere über dich denken oder wie unbequem du für andere wirst, bleib dir selbst immer treu und trau dich, deine Wahrheiten auszusprechen. Wenn du dich verbiegst, nur um anderen zu gefallen, belügst du dich am Ende nur selbst und wirst damit niemals aufrichtig glücklich werden.

In den USA und in Irland habe ich mich einigermaßen der häufig so verwirrenden und unehrlichen Welt der Menschen entzogen, da ich nicht verstehen wollte oder konnte, dass es Menschen gibt, die absichtlich unbewusst leben und mit Ignoranz oder sogar Abwehr auf die gut gemeinten Ratschläge anderer reagieren. In den Niederlanden konnte ich mich der Menschenwelt nicht mehr entziehen, weil ich auf materieller Ebene viel eingesperrter war. Ich fand es schon fast ironisch, aber vor allem auch sehr schön, dass ich gerade unter diesen begrenzten Umständen, vor denen ich mein ganzes Leben lang geflohen war, die ultimative Form der Freiheit fand – die Freiheit, mich immer und unter allen Umständen zu trauen, meine eigene Wahrheit auszusprechen.

Wenn man in seinem Leben das tut, was auf dem höchsten Niveau, dem Seelenniveau, gut für einen ist, tut man automatisch auch das, was für einen anderen auf dem höchsten Niveau gut ist. Wenn man also seine eigene Wahrheit ausspricht, hilft man anderen, ihre Wahrheiten zu entdecken. Für diejenigen, die anderen Leuten nicht wehtun wollen, ist dies allerdings eine nicht gerade einfache Aufgabe.

An jenem Morgen habe ich auch noch über die Verbindung zwischen Marijke und mir nachgedacht. Unsere Wege trennten sich nun, weil wir beide andere Dinge erfahren mussten. Für mich war dieser vorübergehende Abstand notwendig, um mit Flow die Seelenverbundenheit zu erreichen. Ich habe es vorher noch nicht aufgeschrieben, aber als Natasha Marijke gehörte, hatte ich von ihrer Seite her auch regelmäßig den Abstand gefühlt. Das habe ich ihr aber nicht übel genommen, weil ich schon verstanden hatte, dass sie bezüglich Natasha ihre eigenen Entscheidungen treffen musste.

Wenn ich ehrlich war, fühlte ich schon eine ganze Weile, dass sich unsere Wege voneinander wegbewegten, und das schon seit dem Moment, als der französische Trainer Flow für verrückt erklärt hatte. Wie immer tat ich mein Bestes, um diesen Abstand zu überspielen, aber ich begriff jetzt, dass ich dadurch weder mir noch Flow und im Endeffekt auch nicht Marijke gerecht wurde.

Wenn man jemanden trifft, mit dem man sich sofort super versteht und es sozusagen „Klick" macht, läuft sein Weg oft eine ganze Zeit lang parallel zu dem des anderen. In dieser Zeit kann ein intensiver Austausch stattfinden. Dann passiert es oft, dass die Wege für eine Weile eine andere Richtung einschlagen, obwohl man trotzdem den Kontakt hält. Wenn sich die Wege nach Verlauf dieser Zeit wieder kreuzen, bekommt die Freundschaft oft eine neue Dimension, weil man dann neue Erfahrungen austauschen kann. So ähnlich betrachte ich auch die Freundschaft zwischen Marijke und mir: Wann immer sich unsere Wege nach einer Zeit des Abstands, wieder trafen, verlieh dies unserer Freundschaft eine neue Tiefe. Freundschaften, in denen man einander die Freiheit gönnt, finde ich schön, weil der Kontakt auf diese Weise nie forciert wird, aber natürlich immer fortbestehen kann.

Marijke hatte am Telefon noch suggeriert, dass sie hoffe, dass Flow eines Tages wieder zu ihr zurückkommen würde. Zum Beispiel, um dort in Ruhe ihre letzten Tage zu verbringen. Ich muss ehrlich zugeben, dass ich diese Zukunftsvorstellung auch schön finde und ich will diese Möglichkeit keinesfalls ausschließen. Flow hatte gesagt, dass es zum jetzigen Zeitpunkt keinen Weg zurück mehr gab und das verstand ich auch. Es war in der Tat zu spät für Marijke, um *ihre* Flow wieder zurückzubekommen; an diesem Punkt waren wir vorbei. Das bedeutete aber nicht gleichzeitig, dass ich ihr zu einem späteren Zeitpunkt nicht *meine* Flow schenken könnte. Wenn dies so bestimmt ist, wird Flow uns dies sicherlich zeigen und unsere Wege würden auch sicher so verlaufen, dass es für jeden deutlich erkennbar sein wird.

(Foto: Fotolia.com/loya_ya)

(Foto: Hans van Gestel)

ALLES IST MITEINANDER VERBUNDEN

Inzwischen ist es sechs Jahre her, dass ich die Entscheidung getroffen habe, Flow zu mir zu holen. Vor Kurzem waren Marijke und Karel zusammen mit ihrer Tochter Monika bei uns zu Besuch. Eine Weile davor hatte ich tatsächlich weniger Kontakt mit Marijke gehabt, aber rückblickend betrachtet hatte dies gar nicht so lange gedauert. Es kann sogar sein, dass es Marijke nicht aufgefallen war, weil sie selbst auch mit anderen Dingen beschäftigt gewesen war, und wenn nicht, hat sie es bestimmt verstanden. Dieses Mal hatte ich an den Besuch keinerlei Erwartungen. Ich brauchte keine Bestätigung mehr. Ich freute mich einfach, Marijke und ihre Familie wiederzusehen.

Sobald die Beziehung mit einem Pferd das Seelenniveau erreicht, fühlt man dies bis ins Tiefste seiner Seele. Das muss einem dann keiner mehr erzählen. Flow ist jetzt, genauso wie Eden und Hazel, der Spiegel meiner Seele, und in diesem Spiegel sehe ich mich so vollständig wie noch nie. Es hätte mich jetzt nicht mehr verletzt, wenn Flow bei dem Wiedersehen mit ihrer vorherigen Besitzerin freudig gewiehert hätte, weil ich selbst keine Zweifel mehr an unserer Verbindung habe. Dieses Mal blieb sie aber bei Eden und Hazel stehen, ohne ein deutliches Zeichen des Wiedererkennens zu zeigen.

„Sie sieht gut aus", sagte Karel zufrieden, als er sie sich ansah, „trotzdem scheint sie irgendwie verändert zu sein. Ich weiß nicht genau, wie ich es beschreiben soll, aber sie könnte ein bisschen erwachsener geworden sein." Marijke reagierte ähnlich: „Ja, sie scheint ein ganz anderes Pferd zu sein. Für mich fühlt es sich so an, als hätte sie endlich ihren Frieden gefunden, als sei sie älter und weiser geworden." Die Situation war jetzt für alle klar und Flows unerschütterliches Verhalten reflektierte dies: Ihr Herz hatte endlich Ruhe gefunden.

Das Wetter war diesmal nicht sonderlich gut, weshalb wir nicht ausreiten konnten. Aus diesem Grund schwelgten wir gemütlich mit einer Tasse Tee in Erinnerungen. Marijke erzählte mir, dass Natasha damals wirklich viel in ihrem Leben in Bewegung gesetzt hatte. „Es ist Natasha zu verdanken, dass alles seinen Lauf genommen hat", sagte sie. „Sie war der Anlass dafür, dass wir mehr Raum und Freiheit haben wollten. Dieses Verlangen hat uns schlussendlich nach Frankreich geführt. Und weißt du was, Nanda? Flow hat ebenfalls eine große Rolle bei der Verwirklichung unseres Traums gespielt. Sie hat die Aufgabe ihrer Mutter übernommen und uns auf diesem Weg weitergeführt. Ich habe auch sehr viel von Flow gelernt. Ihr ist es zu verdanken, dass ich mich jetzt viel mehr traue als früher." Ich nickte zustimmend. Marijke ritt mittlerweile nämlich alle Jungpferde selbst ein. Alles ist relativ und im Vergleich mit Flow sind diese gutherzigen jungen Pferde quasi ein Klacks für sie. Interessanterweise hatte Marijke also auch das Gefühl, dass Flow die Aufgabe ihrer Mutter übernommen und sie zu ihrer Bestimmung geführt hatte. Wir waren uns darüber einig, dass es etwas ganz Besonderes war, wie unsere Pferde miteinander verflochten sind und wie es mit Natasha und Flow gelaufen ist. „Wie lange ist unser letzter Besuch eigentlich her?", fragte Marijke. „War das letztes Jahr oder das Jahr davor?" Ich schaute in meinem Tagebuch nach und es war genau drei Jahre her. In den drei Jahren war einiges passiert…

Kurz nach ihrem letzten Besuch hatten Flow und ich uns auf höchstem Niveau gefunden. Den Sommer darauf hatte Eden endgültig die Führungsrolle an Flow übergeben. Als ich Eden kurz vor der Ankunft von Flow gefragt hatte, wie lange sie noch ungefähr zu leben habe, versicherte sie mir, dass sie auf jeden Fall noch fünf Jahre bei uns sein werde. Während ich an diesem Buch arbeitete, habe ich mich regelmäßig gefragt, wie dieses Buch enden würde. In den Bildern, die damals zu mir durchgedrungen waren, hatte ich Eden immer mehr in den Hintergrund verschwinden sehen, bis sie sich ganz auflöste. Ich hoffte, dass dies nicht bedeutete, dass sie uns körperlich verlassen würde, sobald Flow ihre Rolle als Leitstute übernommen hatte. Seit sie Flow auf der Weide von Tineke nach vorn geschickt hatte, ließ Eden es schon ruhiger angehen. Trotzdem hatte sie die Führung zu dem Zeitpunkt noch nicht komplett an Flow übertragen. Sie war immer wachsam im Hintergrund anwesend und griff auch ein, wenn etwas nicht so lief, wie sie es gern hätte. Auch bemutterte sie Hazel oft noch stark. *Mach mal langsam, liebe Eden,* dachte ich immer in solchen Momenten, *sei doch sparsam mit dir selbst und der Energie, die du noch übrig hast.*

Im dritten Sommer, den Flow bei uns war, standen die Pferde wieder auf der Weide des Bauern. Die Weide ist so groß, dass ich immer einen Teil davon abstecke, sodass sie nicht zu viel auf einmal essen und krank werden. Eines Tages hatte sich die Schnur von der Abgrenzung gelöst und meine Stuten standen in dem vorher abgesteckten Bereich zum Grasen. Plötzlich hörte ich lautes Gewieher und als ich nachsehen kam, sah ich sie auf der gesamten Fläche frei herumlaufen. Hazel war so glücklich wie ein kleines Kind, das eine Keksdose bekommen hat, und auch Flow gefiel es supergut. Eden war völlig panisch. Sie wusste nicht, wie sie wieder zurück auf die andere Seite der Abgrenzung kommen sollte, und suchte verzweifelt nach einem Durchgang. Sie machte in ihrer blinden Panik sogar Anstalten, über die Abgrenzung zu springen.

Ich hatte ein Stück Seil bei mir und lief damit schnell auf die Weide. Normalerweise hätte ich mir Eden gepackt, ihr das Seil um den Hals gelegt und sie zurückgeführt, sodass die anderen Pferde ihr automatisch folgten. Das war jetzt aber nicht möglich, weil sie sich gerade nicht wie eine Leitstute benahm, sondern eher wie ein verletzliches altes Pferd, das versehentlich den sicheren Schutz der Herde verlassen hatte. Als ich mit meinem Seil Richtung Hazel lief, sah ich sofort, dass ich von ihrer Seite keine Hilfe erwarten durfte. *Entschuldige, Nanda,* sagten mir Hazels verschmitzt dreinblickende Augen, *aber so viel Gras kann ich einfach nicht so stehen lassen.* Sie rannte fröhlich in die andere Richtung, um sich, solange es noch ging, den Bauch vollzuschlagen. Meine Augen suchten die von Flow, die wenige Meter entfernt von mir stand und mich anschaute. „Du musst mir helfen, Flow", sagte ich, während ich auf sie zulief und das Seil um ihren Hals schlug. „Komm, zusammen können wir Eden zurück zur Weide führen." Flow zögerte keinen Moment, sondern folgte mir sofort. Wir liefen dorthin, wo das Band der Abgrenzung flach auf dem Boden lag und wir leicht darübersteigen konnten. Eden kam wie eine Verrückte hinter uns hergerannt und atmete voller Erleichterung auf, als wir zurück auf dem abgegrenzten, ihr bekannten und damit sicheren Teil der Weide waren. „Ach, Mädchen", sagte ich zu ihr, während ich ihr beruhigend den Hals streichelte, „du brauchst doch keine Angst zu haben. Dir kann nichts passieren, dafür werden wir schon sorgen." Flow blieb in aller Ruhe auf Edens anderer Seite stehen. Sie war wie ein Fels in der Brandung, wie eine wahrhaftige, tapfere und fürsorgliche Leitstute. Als Hazel bemerkte, dass sowohl ihre Mutter als auch Flow wieder brav auf der anderen Seite der Abgrenzung standen, kam auch sie zurückgelaufen. In der Zwischenzeit hatte sie sich den Bauch gut vollgeschlagen, während all die Aufregung an ihr vorübergegangen war.

Nach diesem Vorfall schien die Übergabe der Führungsrolle definitiv zu sein und ich zweifelte nicht daran, dass dies auch in Edens Interesse war. Früher hatte ich mich gefragt, warum Flow und nicht Hazel Edens Nachfolgerin werden sollte. Mein Gefühl hatte mir schon immer gesagt, dass Hazel die Führung gar nicht unbedingt anstrebte, und dieser Zwischenfall hatte mein Gefühl noch mal bestätigt.

Wenn ich manchmal während der Workshops erzählte, dass Flow Edens Nachfolgerin werden würde, kam aus der Gruppe regelmäßig die Frage, ob Hazel diese Rolle nicht wolle. „Fragt sie am besten selbst", war meine Antwort darauf. Nachdem sie Hazel dann die Frage gestellt hatten, waren die Teilnehmer oft wirklich überrascht. „Das will sie ja gar nicht?!", sagten sie. „Sie genießt es, diese Verantwortung nicht übernehmen zu müssen." Das stimmte tatsächlich. Wäre Hazel Leitstute geworden, hätte sie niemals so unbeschwert durchs Leben gehen können. Hazel ist ein ewiges Kind, fröhlich und unbefangen, und das ist das, was sie ausmacht. Genau aus diesem Grund kann sie wie keine andere Menschen glücklich machen. Das genießt sie richtig und es macht sie auch sehr stolz. Ich denke außerdem, dass Hazel nie das Bedürfnis entwickelt hat, die Herde führen zu wollen, weil man immer gut für sie gesorgt hat. Ihr hat es nie an etwas gefehlt, während Eden und Flow in dieser Hinsicht andere Erfahrungen machen mussten.

Ich selbst bin, genau wie Eden früher und Flow jetzt, jemand, der gern die Zügel in die Hand nimmt, aber ich muss gestehen, dass es mir auch herrlich zu sein scheint, wenn es mal nicht nötig wäre.

Wenn man wüsste, dass sich jemand um deine Bedürfnisse und Belange kümmert, sodass du sorglos wie ein Kind durch das Leben spazieren und dein Glücklichsein mit anderen teilen kannst, warum solltest du dann die Führung übernehmen wollen?

Sobald die Kursteilnehmer einmal verstanden hatten, warum Hazel die Führungsposition nicht anstrebte, hatten sie immer den gleichen Ausdruck in den Augen: einen Ausdruck von Verwunderung, aber auch von Verlangen nach derselben Unbefangenheit und demselben Vertrauen.

Das Schöne war, dass Eden nach der definitiven Übergabe der Führungsrolle an Flow weniger nörgelnd und besorgt wirkte. Eigentlich schien sie allmählich immer mehr ihrer Tochter zu ähneln. So unbefangen wie Hazel würde Eden natürlich nie werden, aber es tat ihr sichtbar gut, dass sie keine Verantwortung mehr tragen musste. Sie hielt ihr Gewicht besser, sah im Großen und Ganzen gut aus und war außerdem immer noch kerngesund. Manchmal überrascht sie Hazel, Flow und mich dadurch, dass sie sich kurz benimmt, als wäre sie noch ein junges Pferd. Vor Kurzem erst machte sie etwas, was das gut veranschaulicht.

Jeden Tag verschob ich die Abgrenzung der Weide, sodass die Pferde immer frisches Gras zur Verfügung haben. Der Teil mit dem frischen, noch langen Gras war jetzt ziemlich weit von unserer eigenen Weide entfernt, sodass sie morgens den Drang verspürten, im vollen Galopp dorthin zu rennen. Normalerweise habe ich damit kein Problem, aber an jenem Tag war der Boden vom Regen nass und rutschig. Ich möchte natürlich den Bauern, von dem wir die Weide gepachtet haben, weiterhin zu meinen Freunden zählen dürfen, und deshalb achte ich sehr darauf, so sorgsam und gut wie möglich mit der Koppel umzugehen. Wenn der Boden zu nass ist, laufe ich mit den dreien mit, sodass sie ruhig im Schritt zum hinteren Teil der Weide gehen. Nur so lässt sich ein umgepflügter Boden verhindern. Als Flow damals gerade bei uns angekommen war, war sie immer diejenige gewesen, die sich am wenigsten um mich scherte. Aus diesem Grund nahm ich sie immer am Halfter mit, während Eden dafür sorgte, dass Hazel brav hinter uns blieb. Mittlerweile kann ich darauf zählen, dass Flow hinter mir bleibt, wenn ich meinen Arm ausstrecke. Auf diese Weise weiß sie, dass sie mich nicht überholen darf. Hazel versteht dies auch, aber durch ihren kindlichen Enthusiasmus entscheidet sie sich manchmal auch einfach dafür, mich im flotten Sprint hinter sich zurückzulassen. Daher legte ich Hazel das Seil um den Hals. Flow zeigte ich an, dass sie mich nicht überholen durfte. Dass Eden ruhig mitlaufen würde, stand für mich außer Frage. Eden hat noch nie etwas Ungezogenes gemacht und hilft mir immer, so viel sie kann. Ich hatte wirklich nicht erwartet, dass sich dies ändern könnte, jetzt, wo sie eine alte Stute ist.

Wir wanderten ruhig nach hinten, als urplötzlich ein Pferd an mir vorbeischoss – geradewegs in Richtung des hohen Grases. Es machte ausgelassene Bocksprünge, wobei ein paar knatternde Fürze zu hören waren und die Grasbüschel nur so flogen. Es dauerte den Bruchteil einer Sekunde, bis ich verstand, dass es Eden war, die die Beine in die Hände genommen hatte – die immer so (über-)verantwortungsbewusste Eden, die inzwischen fast dreißig Jahre alt war.

Hazel war genauso überrascht über das Benehmen ihrer Mutter wie ich. Sie zögerte aber keine Sekunde, sondern riss sich los und lief ihrer Mutter hinterher. Wenn ihre Mutter sich kindlich und fröhlich benehmen durfte, dann würde sie das ja wohl auch dürfen. Ich musste lachen und genoss es einfach, Eden so schnell über die Weide fliegen zu sehen. Sie machte einen vorzüglichen *Sliding Stop*, als sie am Rand des hohen Grases angekommen war, sodass sie ein paar Zentimeter vor der Abgrenzung zum Stehen kam. Ich genoss es auch, der fröhlichen Hazel zuzugucken, die ihr Bestes gab, ihr altes Mütterchen noch einzuholen, aber dies nicht schaffte. Hazel schaute mich an, als sie beim frischen Gras angekommen war, und schien mit ihren großen dunklen Augen zu sagen: *Entschuldige, Nanda, aber das verstehst du doch sicherlich, oder?* Das tat ich natürlich, und erst in diesem Augenblick realisierte ich, dass Flow immer noch hinter mir herlief. Ich trat einen Schritt zur Seite, um sie vorbeizulassen. „Na los, Flow", sagte ich wohlwollend, „lauf schon! Ich muss das Gras ohnehin komplett festtreten, damit die Weide wieder vorzeigbar wird. Lauf ihnen hinterher, ich erwarte von dir unter dicsen Umständen nicht, dass du dich so zusammenreißt." Flow aber lief weiter ruhig hinter mir her, und als Zeichen dafür, dass sie bei mir bleiben wollte, drückte sie ihre Nase sanft gegen meine Schulter und schuf damit eine Art freiwillige Verbindung.

Als Flow und ich langsam spazierend bei Eden und Hazel ankamen, hatte ich Tränen in den Augen. Es waren Tränen der Freude, weil Eden noch so vital und unbekümmert in ihrem Alter über die Wiese laufen konnte, und Tränen der Rührung über Flows Zuwendung und Vertrauen.

Vor Kurzem habe ich Edens Basischakra noch mal erfühlt und eigentlich fühlt es sich jetzt kräftiger an als noch vor sechs Jahren. Ich fragte mich, wie das sein konnte, als ich auch schon ihre sanfte Stimme in meinen Gedanken hörte: *Du standest in den letzten Jahren auch wieder viel stärker im Leben, Nanda. Was du jetzt in mir siehst, ist wieder dein eigenes Spiegelbild.*

Die Ankunft von Flow war zugleich auch der Anfang von Edens Abreise, und es gab Momente, in denen ich wirklich Angst hatte, dass dieses Buch mit dem definitiven Übergang von Eden ins Himmlische enden würde. So wie sich die Dinge jetzt darstellen, ist diese Angst unbegründet. Momentan scheint es eher so zu sein, dass Edens schlussendliches Abreisedatum auf unbestimmte Zeit verschoben wurde.

Die Entwicklung von Flow hatte Eden in den letzten Jahren eine wichtige Aufgabe gegeben. Sie war mir dabei wirklich eine Stütze gewesen. Jetzt erntet sie die Früchte ihrer Arbeit, und da sie eine würdige Nachfolgerin gefunden und diese geschult hat, kann sie sorglos ihre alten Tage genießen. Aufgrund dessen, dass sie mein Seelenpferd ist, spiegelt sie außerdem wider, dass meine eigene Verbindung zum Irdischen viel stärker geworden ist. Ich fragte Eden in diesem Moment nicht, wie viele Jahre sie noch haben würde, weil jedes Extrajahr ein Geschenk ist, von denen wir einfach so viele wie möglich genießen sollten.

(Foto: Amanda Melchior)

DIE AUFGABEN MEINER PFERDE

Bei den Workshops, die ich zusammen mit meinen Pferden gebe, hilft Flow jetzt, genauso wie Eden und Hazel, aktiv mit. Anfänglich war sie noch ein Störsender gewesen, doch nachdem sie ihr Herz für mich geöffnet hatte, wurden die Workshops auch für sie eine sehr heilende Erfahrung.

Als sie auch seelisch mit mir verbunden war, machte sie wieder einen Schritt vorwärts: Jetzt konnte sie die Teilnehmer in ihrem Heilungs- und Bewusstwerdungsprozess unterstützen. Eden und Hazel taten dies bereits und haben dabei beide deutlich ihre eigenen Rollen.

Eden, die die verwundete Seite in mir darstellt, berührt auch den Schmerz und das Leid, das andere Menschen mit sich herumtragen. Wenn die Teilnehmer Edens Energie fühlen, fließen immer auch Tränen. Eden ist wie kein anderes Pferd in der Lage, den Menschen Trost zu spenden, indem sie die Menschen in ihre fürsorgliche, mütterliche Energie und pure Liebe aufnimmt. Sie ist der lebende Beweis dafür, dass die Hindernisse und Rückschläge auf dem eignen Lebensweg einen schlussendlich viel stärker und liebevoller machen können. Da sie in ihrem Leben sowohl das Licht als auch die Dunkelheit erfahren hat, hat ihr Glücksempfinden eine zusätzliche Tiefe. Für viele Menschen ist das ein ermutigender und Hoffnung machender Gedanke. Eden zeigt aber auch, dass Übersensibilität oft als eine Last empfunden wird, die aber schlussendlich die größte Stärke werden kann. Außerdem ist ihre Verbindung mit dem Höheren so intensiv, dass oft sehr schöne und besondere Nachrichten durchkommen.

Während der Kontakt mit Eden viele Emotionen hervorbringt, sorgt Hazel für eine fröhliche Note. Sie bringt Menschen trotz der Tränen wieder zum Lachen, sodass die Stimmung plötzlich wieder viel leichter wird. Hazel sucht sich die Menschen, denen sie hilft, oft selbst aus, indem sie neugierig und einladend auf sie zugeht, wenn die Leute noch abwartend oder zurückhaltend sind. Aufgrund von Hazels Unbefangenheit und ihrem aufrichtigen Interesse heißt sie die Menschen wirklich willkommen.

In meinen Workshops arbeite ich mit der Muskeltestübung, die ich in meinem Buch *Die Lebensenergie der Pferde* bereits ausführlich beschrieben habe. Diese Übung sorgt dafür, dass die Antwort der Teilnehmer auf eine bestimmte Frage nicht wie sonst üblich vom Verstand, sondern aus dem Herzen und den eigenen Gefühlen kommt. Bei dieser Muskeltestübung bewegt sich der Körper intuitiv nach vorn, wenn die Antwort Ja lauten müsste, und nach hinten, wenn die Antwort Nein wäre. Der gesamte Körper wird dabei quasi wie ein Instrument benutzt, sodass man seinem Verstand zuvorkommt. Indem die Teilnehmer die intuitive Antwort auf eine Frage mit ihrem ganzen Körper fühlen, sind sie weniger im Kopf und in Gedanken und mehr in ihren Gefühlen. Wenn es Menschen schwerfällt, dies geschehen zu lassen, gibt Hazel ihnen oft mit der Nase einen kleinen Stupser in die richtige Richtung. So ist die Übung gleich weniger belastend und die Stimmung wird leichter. Hazel spiegelt das innere Kind von jedem wider und zeigt den Menschen, dass das Leben auch ganz einfach und schön sein kann. Die Botschaften, die sie für die Menschen hat, bringen ihnen immer Leichtigkeit und Fröhlichkeit.

Das, was Flow durch ihren Charakter und ihre Erfahrungen zu den Workshops beitragen kann, ergänzt das Ganze perfekt. Sie zeigt Menschen, dass komplett in seiner Kraft zu stehen und seinen eigenen Gefühlen treu zu bleiben auch liebevoll sein kann. Wenn sie merkt, dass es jemandem in der Gruppe schwerfällt, seine Wahrheit auszusprechen, stellt sie sich oft lautlos hinter diese Person, quasi als Stütze im Rücken. *Na los*, sagt sie dann, *erzähl, was du auf dem Herzen hast; das wirkt sehr erleichternd und befreiend.* Sie hilft Menschen, sich auch in schwierigen Momenten treu zu bleiben und in ihrer ganzen Kraft zu erstrahlen, ebenso wie sie es auch bei mir getan hat. Jetzt, wo sie sich selbst im Gleichgewicht befindet, kann sie dies auf eine sanfte und konstruktive Weise tun.

Flow spiegelt den verlorenen und inzwischen wiedergefundenen Teil von mir – den Teil, der sich traut, seine eigene Wahrheit zu sprechen, auch wenn dies für andere wie eine Konfrontation sein kann. Es scheint so, als hätten viele sensible Menschen die Verbindung mit dem starken, konfrontierenden Teil von sich selbst verloren, oder sie trauen sich noch nicht, ihn ganz zuzulassen. Dass dies aber für einen selbst (und oft auch für den anderen) wichtig ist, muss ich an dieser Stelle wohl nicht noch einmal erwähnen.

Alle drei meiner Pferde wissen ganz ohne Worte, wie sie auf ihre eigene, einzigartige Weise einen wertvollen Beitrag für die anderen Menschen in den Workshops liefern können. Sie tun genau das, was in dem Moment nötig ist, oft schon bevor ich selbst darauf gekommen bin. Ich bin sehr stolz auf meine drei Stuten, die sich so wunderbar ergänzen und so vielen Menschen bei ihren individuellen Problemen helfen können. Man merkt an Flow, dass sie stolz darauf ist, dass auch diese wichtige und verantwortungsvolle Aufgabe ihr anvertraut wurde. Sie muss mittlerweile nicht mehr selbst gesehen werden, weil sie nur zu gut weiß, wer sie ist und wofür sie steht, und nicht mehr länger die Bestätigung der anderen dafür braucht. Es ist schön zu sehen, wie sich ihr Glücksempfinden und ihre Liebe durch diese Arbeit immer weiter vertiefen, während sie Flow aber auch stetig fürsorglicher und verantwortungsbewusster machen.

Genauso habe ich mir die Arbeit mit meinen Pferden erhofft, dass alle Parteien, sowohl Mensch als auch Pferd, von den Erfahrungen, die sie in den Workshops machen, profitieren können. Hier zeigt sich wieder einmal, dass alles miteinander verbunden ist und manche Dinge einfach so sein sollen, wie sie sind.

(Foto: Hans van Gestel)

DAS VERSPRECHEN AN ELLEN

Ellen hat uns noch ein paarmal besucht. Ich hatte ihr versprochen, dass sie bei uns immer willkommen ist, und dieses Versprechen halte ich mit Freude ein. Auch hatte ich ihr versprochen, dass sie immer auf Flow reiten dürfe, aber dieses Versprechen bereute ich später…

Ellens erster Besuch war kurz nachdem Flow ihr Herz für mich geöffnet hatte. Wir haben einen wunderschönen Ausritt gemacht, bei dem Ellen auf Flow und ich auf Hazel ritt. Ellen konnte den Unterschied deutlich fühlen und war sehr beeindruckt von Flows Verwandlung. Beim nächsten Besuch hatten Flow und ich uns auch auf der seelischen Ebene gefunden und ich wollte nun eigentlich niemand anderen auf Flow sehen. Ich wollte allerdings nicht mein Versprechen brechen, und so kam es, dass ich Hazel und Ellen Flow ritt. Ich weiß nicht, ob es an mir, den Pferden oder an einer Wechselwirkung zwischen diesen Aspekten lag, aber die Konstellation funktionierte so nicht mehr. Flow wollte als Leitstute vorn laufen, und Hazel gefällt es, Flow einfach hinterherzulaufen. Ohne mich als ihre Reiterin schaute sich Flow ständig nach hinten um und blieb immerzu stehen. Hazel musste dadurch immer wieder anhalten, sodass ich nicht fleißig vorwärtsreiten konnte. Es war deutlich, dass es so nicht ging, und ich war insgeheim froh darüber, dass die Pferde dies auch so klar zeigten. Als ich Ellen vorschlug, doch die Pferde zu tauschen, war sie sofort damit einverstanden. Sobald ich auf Flow und Ellen auf Hazel saß, beruhigten sich die Pferde wieder, und so konnten wir trotzdem noch einen schönen Ausritt machen.

Zum Glück hat mir Ellen die Anpassung meines Versprechens verziehen. Ich habe das Buch geschrieben, sie erwähnt und sie ist immer herzlich willkommen.

(Foto: Shutterstock.com/anakondasp)

MEIN WEG ZUR KLASSISCHEN REITKUNST

In den sechs vergangenen Jahren ist bei uns reiterlich gesehen einiges passiert. Mittlerweile haben Flow und ich uns der klassischen Reitkunst verschrieben. Wenn mir jemand damals gesagt hätte, dass wir daran total viel Spaß haben würden, hätte ich ihm das niemals geglaubt. Ich war immerhin ein freies Cowgirl und hätte es so kurz nach dem Sturz nicht schön gefunden, wie eine strenge Lehrerin mit Flow über den Platz zu reiten. Mittlerweile weiß ich, dass es auch anders sein kann, aber lassen wir uns am Anfang beginnen…

Ich bin regelmäßig zusammen mit Flow ausgeritten, aber anders als mit Hazel fühlte sich das nicht wie die ultimative Freizeitgestaltung für uns beide an. Flow hatte viel mehr zu bieten. Es tat ihr gut, in der alltäglichen Arbeit mehr gefordert zu werden. Ich fühlte, wie sie wuchs, wenn ich etwas Schwieriges von ihr verlangte und sie die Übung meisterte. *Siehst du wohl, dass ich schlau bin?* hörte ich sie denken. Sie war ein Pferd, das sich selbst beweisen wollte.

Anfangs hatte uns das Westernreiten genug Möglichkeiten dafür gegeben, aber ich zweifelte immer öfter daran, ob dies der richtige Weg war. Die Westernreiterei gefällt mir gut, aber sie gehörte mehr zu meiner Vergangenheit als zu meiner Zukunft. Als mir dies klar wurde, fragte ich mich, ob es nicht schön wäre, Flow genau wie damals Eden ohne Zaumzeug zu reiten.

Ich ritt sie zuerst eine Weile mit einem Knotenhalfter und konnte sie dann auch schon relativ schnell nur mit einem dünnen Seil um ihren Hals auf dem Reitplatz reiten. Dies gab mir allerdings nicht die gleiche Befriedigung, die es mir früher mit Eden gegeben hatte. Ich fühlte, dass Flow ihren Körper gleich weniger gut benutzte, und das fand ich schade. Mein Verlangen nach Freiheit war schon vor langer Zeit befriedigt worden und mittlerweile passte es auch nicht mehr in mein Leben. Auch Flow machte der Freiraum nicht glücklich. Sie hatte Angst davor, in alte Verhaltensmuster zurückzufallen, obwohl sie weiterhin alles richtig machen wollte.

Als ich einen Artikel über „Horse Agility" las, war ich sofort begeistert. Vielleicht war das die Herausforderung, die wir beide suchten. Ich kaufte einen Reifen zum Durchspringen und übte zuerst mit Hazel. Die hatte schnell verstanden, worum es ging. Ich hatte erwartet, dass es mit Flow viel schwieriger werden würde, aber nichts war der Wahrheit ferner. Flow sprang genauso schnell und einfach durch den Reifen wie Hazel. Ich hatte gar nicht vorgehabt, auch Eden dies auf ihre alten Tage noch beizubringen, aber sie hat von sich aus mitgemacht. Ich vermute, dass die Leckerlis da eine große Rolle gespielt haben, aber es war trotzdem eine schöne Überraschung. Nachdem wir ein paar Nachmittage damit viel Spaß gehabt hatten, sank die Motivation wieder.

Ich fand auch die Idee, mit Flow ruhig ins Wasser gehen zu können herrlich, weil es dort anfangs komplett schiefgelaufen war. Als ich an einem schönen Sommertag dieses Vorhaben in die Tat umsetzte, schien sie genau so eine Wasserliebhaberin zu sein, wie ihre Mutter es früher gewesen war. Sie lief so weit sie konnte ins Wasser und konnte gar nicht genug davon kriegen. Sie planschte und spritzte, dass es nur so eine Freude war, ihr zuzusehen. Zusammen Planschen und Schwimmen zählt mittlerweile zu einer unserer Lieblingsbeschäftigungen im Sommer. Leider bot uns dies aber nicht die gewünschte Herausforderung.

Ich hatte das Bedürfnis, Flow noch weiter auszubilden und sie durch versammelnde Übungen körperlich weiter aufzubauen. Mit Hazel hatte ich mich bereits mit dem Geraderichten und den Anfängen der klassischen Dressur beschäftigt. Aufgrund der Tatsache, dass Hazel Probleme mit den Vorderbeinen hat, war sie zu Anfang noch recht schief gewesen. Das Geraderichten war für sie daher notwendig, aber sie hatte nie wirklich Spaß daran gehabt. Dieses Arbeiten im Dressurviereck passte einfach nicht zu Hazels verspielter und unbesorgter Art. Ich selbst wurde auch immer recht ernst und manchmal etwas besorgt, wenn ich mit ihr die Übungen machte. Sie sieht es als ihre Aufgabe an, mich die Dinge sorgenfrei genießen zu lassen, und das passte so gar nicht zu dieser Art der Arbeit. Aus diesem Grund war mir bislang auch nicht die Idee gekommen, dies mit Flow auszuprobieren. Ich wollte etwas mit ihr machen, wodurch unsere Herzen schneller schlagen würden, etwas, das uns wirklich froh und glücklich machen würde.

Es war zu jenem Zeitpunkt, als ich eine E-Mail von Noor Tanger bekam. „Liebe Nanda", fing sie ihren Brief an, „du hast mich durch deine Lesung und Beratung so glücklich gemacht, dass ich dich genauso glücklich machen möchte. Daher biete ich dir einen Kurs in der klassischen Reitkunst an." Ich musste lachen und antwortete, dass ich das zwar sehr nett von ihr fand, aber dass mich Dressurunterricht noch nie glücklich gemacht hatte. Noor ließ sich nicht beirren und ihr Enthusiasmus war sogar durch die E-Mail hinweg ansteckend. Da ich mir immer noch unschlüssig war, in welche Richtung ich mit Flow weitermachen wollte, beschloss ich ihr Angebot anzunehmen.

Noor kam schon ein paar Tage später, und was dann passierte, übertraf all meine Erwartungen: Unter der inspirierenden und enthusiastischen Leitung von Noor waren wir plötzlich imstande, Dinge zu tun, von denen wir vorher nicht zu träumen gewagt hatten. Ich fühlte, wie Flow wuchs, sah sie strahlen, und dasselbe galt auch für mich. Manchmal hat man Aha-Momente in seinem Leben, und der Unterricht von Noor war einer dieser Momente. Noor führte an dem Tag zwei Welten für mich zusammen. Sie offenbarte mir, dass man auch innerhalb der Einschränkungen der Dressur Freiheit geben und erfahren kann. Außerdem zeigte sie mir, dass klassische Dressur im Gegensatz zu dem, was ich immer gedacht hatte, sowohl Mensch als auch Pferd aufrichtig froh und glücklich machen kann.

Nach dieser Unterrichtseinheit wollte ich gern regelmäßig Unterricht von ihr bekommen, aber das klappte nicht. Noor hatte während des Unterrichts noch etwas gesagt, das mir lange im Gedächtnis bleiben sollte: „Ich denke, du könntest mit deiner kleinen Flow eine tolle Piaffe reiten." Sie sagte es einfach so, ohne zu bemerken, was es in mir auslösen würde.

Die Idee, mal mit Flow eine Piaffe reiten zu können, war für mich genauso unwirklich wie damals der Gedanke, Eden ohne Zaumzeug reiten zu können. Die Piaffe, das war doch eine Übung, die nur die allerbesten Reiter und die athletischsten Pferde meisterten. Je mehr ich darüber nachdachte und darüber träumte, desto euphorischer wurde ich. Das Reiten ganz ohne Zaumzeug war für mich immer der Inbegriff von unbegrenzter Freiheit gewesen, während die Piaffe für mich ein Symbol der höchsten Form von Versammlung ist.

Während meiner Zeit mit Eden suchte ich die Freiheit. Zusammen mit Flow fand eine neue Form von innerer Freiheit: in der Hingabe an einschränkende Umstände. Zu lernen, um gemeinsam komplett in unserer Stärke zu stehen, innerlich frei und glücklich zu sein und unsere Balance in einem Viereck zu bewahren, passte perfekt dazu.

Zusammen mit Flow die Piaffe zu reiten ist ein Traum, aus dem ich viel Inspiration ziehe. Es ist kein Ziel an sich. Das wahre Ziel ist viel größer, nämlich die Seelenverbundenheit, die zwischen uns am Entstehen ist. Manchmal üben wir viel, aber es gibt auch Phasen, in denen wir einfach nur draußen im Gelände reiten oder unser erwartungsloses Zusammensein genießen. Alles darf, nichts muss – die Beziehung steht an erster Stelle. Die klassische Dressur führt dazu, dass wir weiterhin zusammen lernen und wachsen können; sie ist die Herausforderung, nach der wir die ganze Zeit auf der Suche waren.

Wenn wir Dressur reiten, gibt Flow immer ihr Bestes. Sie denkt mit und bietet mir auch von sich aus Dinge an. *Soll ich ein Travers machen?*, fragt sie. *Oder vielleicht Schulterherein? Das kann ich schon ziemlich gut. Schau nur!* Jetzt ist so ein übereifriges Pferd nicht unbedingt immer einfach, aber ich finde es schön, dass ihre grundlegende Einstellung sich wirklich komplett geändert hat. Sie ist noch genauso gescheit wie früher, nur äußert sich dies jetzt auf eine positive Art. Sie spricht auch gut auf Komplimente an und wenn ich während des Reitens freudig ausrufe, wie toll sie geht, strengt sie sich doppelt an.

Hazel fand das irgendwann etwas nervig. Oft kam sie dazu, wenn ich mit Flow arbeitete. Dann hörte ich sie denken: *Flow ist ja total der Streber geworden…* Eines Tages fing sie an, wie ein geölter Blitz auf den Reitplatz zu laufen, sobald ich mit Flows Training fertig war. *Jetzt bin ich dran, sagte sie dann, ich werde dir mal zeigen, dass ich die Übungen, die Flow macht, auch sehr gut kann!*

So entstand eine gesunde Rivalität zwischen den beiden Damen. Hazel ist immer noch wie ein ewiges Kind und sie genießt unbesorgte Ausritte am allermeisten, trotzdem hat sie auch Gefallen an der klassischen Reitkunst gefunden. Richtig schief ist sie mittlerweile nicht mehr, weswegen ich mir darum auch keine Sorgen mehr mache. Hazel fühlt, dass wir diese Übungen nur noch zum Vergnügen machen, und dadurch findet sie diese auch wieder gut. Außerdem hat sie Spaß daran gefunden, Flow ab und zu die Show zu stehlen.

Hazel ist in den letzten Jahren viel selbstbewusster geworden; sie steht mehr auf eigenen Beinen und zeigt ihrer Mutter, dass sie gut für sich selbst sorgen kann. Anfangs hatte ich noch Angst, dass ich Hazel vernachlässige, weil ich viel Zeit mit Flow verbringen musste, aber auch diese Angst war im Nachhinein unbegründet gewesen. Die Ankunft von Flow und der ganze Prozess, den wir zusammen durchlebt haben, hatten sich bestimmt positiv auf Hazel ausgewirkt.

Für Eden hatten die konventionellen Reitweisen nicht funktioniert; sie hatte mich damals dazu gezwungen, alles, was ich bislang über Pferde wusste, über Bord zu werfen. Als ich mich komplett an die natürliche Art und Weise, mit Pferden zu arbeiten, gewöhnt hatte, kam Flow in mein Leben. Sie hat mich zur klassischen Reitweise geführt. Für mich fühlte es sich so an, als wäre der Kreislauf, der vor langer Zeit mit Natasha angefangen hatte, nun komplett rund.

Natasha hatte früher auch eine natürliche Schiefe gehabt, genau wie Hazel. Damals, vor gut dreißig Jahren, war meinem Erachten nach in den Niederlanden noch nichts über die heilende Wirkung der klassischen Dressur in Bezug auf die natürliche Schiefe des Pferdes bekannt. Mit dem Wissen, das ich jetzt habe, hätte ich Natasha noch besser in ihrem körperlichen Prozess begleiten können. Es fühlt sich sehr schön und besonders an, dass mich Natashas Tochter auf diesen Weg gebracht hat und Hazel davon jetzt profitieren konnte. Alles ist verbunden.

(Foto: Hans van Gestel)

DER STROM DES LEBENS

Jeder natürliche Prozess folgt einer kreisförmigen Bewegung, und das Gleiche gilt auch für unseren Lebensweg. Meiner hat mich zu Anfang auf meiner Suche nach mehr Raum und Freiheit weit weggeschickt. In Amerika und später in Irland war ich so frei gewesen, wie ein Mensch nur sein kann, und dies gönnte ich auch meinen Pferden. In Irland durften sie daher in einer großen Herde über ein riesiges Gelände laufen. Dort erreichten wir die äußersten Grenzen der Freiheit und unser Weg nahm wieder eine Wendung.

Eines Nachmittags kam ich mit meinem Sattel und einem Knotenhalfter auf die Weide. Ich wollte Eden reiten, doch vorher musste ich die Herde finden, da sie nicht wie sonst üblich am Grasen war. Ihre Spuren führten mich durch das Wäldchen in Richtung eines schnell strömenden Bachs. Dort fand ich sie dann sich ausruhend im Schatten der Bäume. Ich hatte den Sattel und das Zaumzeug auf der Weide liegen lassen und lief ganz leise auf sie zu, damit ich die wohltuende Atmosphäre der Herde nicht störte. Ich legte mich zu Eden ins Gras und sie blieb ruhig liegen, während ich ihr über die Mähne strich.

Ich hatte keine Lust mehr zu reiten, und das kam in letzter Zeit öfter vor. Wieso sollte ich die Pferde in meine Welt bringen, wenn die ihre so perfekt war? Ich fand es viel schöner, mich in ihre Welt entführen zu lassen. Am liebsten hätte ich meinen Pferden ihre natürliche Freiheit zurückgegeben. *Wenn es möglich wäre*, habe ich an jenem Nachmittag gedacht, *würde ich alle Tore aufmachen, sodass ihr wirklich frei sein könnt.*

Aber Nanda, hörte ich Edens sanfte Stimme in meinem Ohr, *dann gäbe es auch keinen Austausch mehr. Austausch entsteht, wenn sich unsere Welten überlappen und treffen. Wir lernen neue Dinge kennen und erweitern unsere Grenzen, wenn wir die Welt des anderen betreten.*

Ein Mensch, der ein Pferd komplett in seine Welt zwingt, wird nichts über die Welt der Pferde lernen. Wenn du völlig in meiner Welt aufgehst, kommt meine Entwicklung zum Stillstand. Außerdem ist dies für dich eine Flucht. Für einen sensiblen Menschen ist die Welt der Pferde ein sicherer Ort, während es dir schwerfällt, dich in der Welt der Menschen zurechtzufinden. Dennoch ist dies dein Weg, auf dem ich dich gern begleiten möchte. Die Liebe, die uns verbindet, führt dazu, dass ich in deine Welt und du in meine Welt kommen willst, sodass wir voneinander lernen und dadurch wachsen können. „Wärst du nicht glücklich, wenn du komplett frei sein könntest?", fragte ich Eden daraufhin. *Nein,* hatte sie geantwortet, *dann würde ich meine Aufgabe nicht erfüllen können, und das würde mich im tiefsten Inneren unglücklich machen, genauso wie es dich schlussendlich unglücklich machen würde, wenn du auf ewig hier mit uns im Wald bleiben würdest.*

Das war für mich der Wendepunkt. Allerdings muss man schon die äußeren Grenzen der Freiheit erreicht haben, um zu begreifen, dass sich sein Weg von dort wieder wegführt. Menschen lassen sich leicht mitführen, wenn der Strom des Lebens sie dorthin bringt, wo sie gern sein wollen, aber es sind nur einige wenige, die sich – genauso wie ein Schwan – trauen, sich komplett ihrem Schicksal.

Das Universum hat mir geholfen, auch den Rückweg meiner Reise anzutreten. Dies geschah nicht dadurch, dass ich die Freiheit einer Wahl bekommen hätte, sondern gerade dadurch, dass meine Optionen sich immer mehr einschränkten. Wenn es finanziell möglich gewesen wäre, würde ich noch immer zusammen mit meiner Familie und den Pferden in Irland leben. Dann hätte ich wie ein Pferd zwischen Pferden gelebt und hätte der Welt der Menschen endgültig den Rücken zugekehrt. Das hätte ich bestimmt herrlich und einfach gefunden, aber trotzdem hätte es mir auf höchster Ebene keine Befriedigung gegeben. An sich zwar glücklich und zufrieden, aber immer mit dem nagenden Gefühl, nicht alle Möglichkeiten komplett ausgeschöpft zu haben und meine Seelenaufgabe nicht erfüllen zu können.

Wäre Flow nicht in mein Leben gekommen, hätte ich das letzte Stück vom Kreis nie auf diese Weise erfahren können. Zusammen haben wir gelernt, uns vom Lebensstrom führen zu lassen und uns vertrauensvoll den einschränkenden Umständen hinzugeben. Darin fanden wir eine neue Form der Freiheit, wodurch wir beide uns verändert haben und gewachsen sind. Wenn du begreifst, dass die Begrenzungen in deinem Leben dir helfen, auf deinem Weg zu bleiben, wird es immer einfach, sich diesem Weg hinzugeben. In der Hingabe liegt nicht nur die ultimative Freiheit, sondern auch das Glück.

Glück ist meiner Meinung nach nicht mehr und nicht weniger als die Erkenntnis, dass alles in dem Moment so ist, wie es sein soll. Auch wenn ich manchmal Sehnsucht nach der Freiheit in Amerika habe, überwiegt momentan die Erkenntnis, dass ich komplett an meinem Platz angekommen bin. Dank Flow stehe ich wieder fester im Leben, wodurch es mir immer leichter fällt, mich in diesem überregulierten Land zu bewähren. Aufgrund der Tatsache, dass meine Wurzeln nun tiefer und fester im Boden sind, kann ich besser mein Gleichgewicht halten. Außerdem fühle ich mich jetzt auch hier die ganze Zeit mit der Natur und dem Universum verbunden.

Jedes Mal, wenn ich einen Schwan sehe, erinnere ich mich an den Moment, an dem ich beschloss, Flow zu mir zu holen, an den dunklen Strudel, in dem wir dann landeten und an das Glück sowie den Stolz, als wir beide verwandelt daraus zum Vorschein kamen. Dann begreife ich wieder, dass alle Hindernisse auf dem eigenen Lebensweg ausgezeichnet dafür geeignet sind, einem beim Wachsen zu helfen. Wenn man das so sehen kann, gibt einem dies ein tiefes Gefühl von innerer Ruhe und Glück. Dann kann man sich voller Vertrauen von dem Strom des Lebens führen lassen.

Von außen betrachtet scheint mein Leben, so wie es jetzt ist, sehr dem Zeitpunkt meines Lebens zu ähneln, als ich kurz vor der Abreise nach Amerika stand. Dies ist allerdings nur der Schein. Wenn man den ganzen Kreis durchlaufen und alle Grenzen in ihrer gesamten Tragweite erlebt hat, kann man die gleichen Umstände nämlich völlig anders erleben.

Letztens mussten wir uns wieder ein paar Wochen gedulden, ehe wir mit den Pferden auf die große Weide durften. Daher liefen sie nicht nur auf unserer kleinen Weide umher, sondern auch in unserem Garten. Sie scharten sich gemütlich um uns herum, während wir am Gartentisch Tee tranken.

In Irland ging ich völlig in der Welt meiner Pferde auf, aber jetzt bewegen sie sich eher in meiner Welt. Für Hazel ist dies selbstverständlich. Sie fühlt sich in meiner Welt genauso zu Hause wie ich in ihrer. Dass Eden – das Pferd, das sich früher dem Menschen nicht näherte – sich darin so sicher fühlt, ist bestimmt etwas Besonderes. Für Flow ist die Welt der Menschen, ebenso wie für Hazel, vertrautes Gebiet. Ich hätte nie zu hoffen gewagt, dass sie sich darin so gut und respektvoll bewegen würde, wie sie es inzwischen tut. Manchmal legt sich Flow komplett hin, während ich bei ihr sitze und auf sie aufpasse. Wenn ich sie sanft streichle, legt sie sich ausgestreckt hin, sodass sie wahrhaftig längs in meinen Armen liegt. Eden und Hazel machen dies auch regelmäßig, aber Flow packt noch eine Schippe drauf: Sie fällt so tief und fest in den Schlaf, dass sie wirklich zu schnarchen und träumen anfängt. Als Flow letztens so im Garten in meinen Armen lag, musste ich daran denken, was ich am Anfang dieses Buches gesagt habe: dass ich das Wiederherstellen von geschädigtem Vertrauen bei einem Pferd als eine sehr dankbare Aufgabe empfinde, aber nicht das Wiederherstellen von Respekt.

Auf diese Sache möchte ich noch einmal zu sprechen kommen. Das Wiederherstellen von Respekt bei einem Pferd ist nicht einfach; es verlangt von dir, einen neuen Weg zu finden und auch andere Qualitäten in dir selbst anzusprechen. Zu Anfang wird ein Pferd, das sich weit von sich selbst und seiner Natur entfernt hat, über deine Begrenzungen nicht gerade glücklich sein. Wenn das Pferd aber wieder zu sich selbst und seiner wahren Natur gefunden hat, wird das Pferd es dir danken, dass du bereit warst, für das Pferd zu kämpfen, und dass du es daran erinnert hast, wer es in seinem tiefsten Inneren ist. Schlussendlich wirst du dann mit einem Freund fürs Leben (und weit darüber hinaus) belohnt.

Schwäne sind auch Freunde fürs Leben. Ein Schwanenpaar bleibt ein Leben lang zusammen und aus diesem Grund sind sie auch ein Symbol für Loyalität und Treue. Die zwei Eigenschaften, Loyalität und

Treue, sind meiner Meinung nach die wichtigsten für eine erfolgreiche Beziehung, also auch für die mit deinem Pferd. Es sind deine Loyalität und Treue, die bestimmen, ob du dich, genauso wie ein Schwan, traust, für jemand anderes in den dunklen Strudel zu springen. Dadurch erwirbst du das Recht, die schöne Welt der Seelenverbundenheit betreten zu dürfen. Treue und Loyalität wird dir aber auch dein Pferd schenken, und diese zählen sicherlich mit zu den höchsten Gütern, die man von einem anderen erhalten kann.

Ich habe auch gelernt, dass die Welt von Freiheit, Verbundenheit und Magie nicht abhängig von dem Ort, dem Land, oder dem Kontinent ist, auf dem man sich befindet. Ebenso wenig hat sie etwas mit der Größe der Weide, der Methode, nach der du arbeitest oder der Zäumung, die du verwendest, zu tun. Sie befindet sich überall, wo du dich mit Herz und Seele mit einem anderen (Mensch, Pferd oder ein anderes Tier) verbindest. Es gibt viele Pferde, die dich dorthin führen können und das eine Pferd ist nicht besser oder schlechter als das andere. Es kommt darauf an, aus welcher Richtung man kommt und was dein Herz in dem Moment braucht.

Folge immer deinem Pferd, denn es kennt den Weg, aber lausche seiner tieferen Bedürfnisse und Fragen und gib ihm, was es wirklich braucht. Handel immer aus Liebe, aber sei dir auch bewusst, dass Liebe oft sanft und entgegenkommend sein darf, manchmal jedoch auch stark und standhaft sein muss. Gibt vor allem dann nicht auf, wenn es schwierig wird. Der Weg zum Licht führt oft zuerst durchs Dunkel. Die höchsten Gipfel erreichst du nur, wenn du bereit bist durch das Tal zu gehen und die Hindernisse, die ihr zusammen überwindet, schweißen euch nur noch stärker zusammen.

Kehre nicht um, wenn dich dein Pferd unerwartet in eine andere Richtung führt als du gehofft hattest und widersetze dich nicht, wenn das Universum deine Möglichkeiten einschränkt.

Folge voller Vertrauen deinen Weg: wie eine liebevolle, sanftmütige, aber auch starke und tapfere Leitstute. Go with the Flow ...

Nanda van Gestel-van der Schel   *April, 2016*

VERVOLLSTÄNDIGE DEINE TRILOGIE

Die Geschichte von Nanda und ihren Pferden Natasha, Eden, Hazel und Flow hat dich in ihren Bann gezogen? Du möchtest gern wissen, wie alles seinen Anfang nahm? Oder willst du die in dem Buch beschriebene Technik der intuitiven Kommunikation mit Pferden mittels der Chakra-Kommunikationsmethode erlernen? Dann nichts wie los und hol dir die beiden anderen Bücher der Autorin Nanda van Gestel-van der Schel.

Band I: Die Seelenkraft der Pferde

Du möchtest wissen, wie die Geschichte von Nanda und ihren Pferden Natasha, Eden, Hazel und Flow angefangen hat? Was genau Eden und Nanda in den USA durchgemacht haben und wie Hazel ihre Jugend verbrachte? Lass dich zu den Anfängen dieses wunderbaren Abenteuers entführen und erfahre, wie Eden zu Nandas Seelenpferd wurde und welche Rolle Natasha spielte. Begleite Nanda auf ihrer Suche nach maximaler Freiheit und bedingungsloser Seelenverbundenheit.

Band II: Die Lebensenergie der Pferde

Du bist begeistert von Nandas Art und Weise, mit Pferden zu kommunizieren? Möchtest auch du ein Pferd auf dieser höheren Ebene kennenlernen, indem du die Energie seiner Chakren erfühlen und deuten kannst? Dann ist dieses Buch genau das Richtige für dich. Es ist das begleitende Praxishandbuch für *„Die Seelenkraft der Pferde"* und *„Die Liebe der Pferde."* Dank inspirierender Beispiele, praktischer Tipps und Übungen erfährst du, wie auch du in die Gefühlswelt der Pferde eintauchen kannst.

Band III: Die Liebe der Pferde

In diesem Band wird die Geschichte von Eden, Hazel und Flow weitererzählt, wobei der Fokus eindeutig auf der Entwicklung von Flow liegt. Die Geschichte zeigt, wie viel zwei Seelen voneinander lernen können, wie wichtig es ist, niemals aufzugeben und auf den Fluss des Lebens zu vertrauen. Es werden aber auch die Zusammenhänge zwischen den Pferden unter sich und zu ihren Menschen, die Verbundenheit von allen Akteuren und der Vollkommenheit des Universums aufgezeigt. Mit diesem Buch wird „der Kreis wirklich rund", so wie Nanda zu sagen pflegt.

Van Gestel-van der Schel, Nanda:
Die Seelenkraft der Pferde

Diese berührende und sehr persönliche Geschichte einer jungen Frau namens Nanda, die die Sehnsucht nach Freiheit in die USA bringt, entführt Sie in eine Welt, in der die Weisheit der Pferde, telepathische Kommunikation und die Verbundenheit allen Lebens im Mittelpunkt stehen. Nanda begegnet dort ihrem Seelenpferd, der Araberstute Eden, die als unreitbar und lebensgefährlich gilt. Eden lässt sich zu nichts zwingen, ist aber bereit, aus freiem Willen alles zu geben.

Erhältlich beim Cadmos Verlag GmbH: 128 Seiten / broschiert, ISBN 978-38404-1039-0

Van Gestel-van der Schel, Nanda:
Die Lebensenergie der Pferde

Eine tief gehende Verbindung mit einem Pferd mithilfe von intuitiver Kommunikation ist dank der von der Autorin selbst entwickelten Chakra-Kommunikationsmethode jederman erreichbar. Lernen Sie sich auf einer anderen Ebene mit Ihrem Pferd zu verständigen und erfahren Sie mehr über das Leben, die Emotionen und den Charakter Ihres Pferdes. Dieses Buch lehrt auf beeindruckende Weise, was im Kontakt zwischen Mensch und Pferd alles möglich ist.

Erhältlich beim Cadmos Verlag GmbH: 160 Seiten / broschiert, ISBN 978-38404-1052-9

Van Gestel-van der Schel, Nanda:
Die Liebe der Pferde

Die Liebe der Pferde ist eine persönliche und inspirierende Geschichte. Sie handelt von dem Leben der Araberstute Flow (ehemals Fleur) und wie sich ihr Lebensweg mit dem von ihrer neuen Besitzerin Nanda zusammenfügt. Ganz deutlich werden die Höhen und Tiefen, mit denen man bei einer entstehenden Partnerschaft konfrontiert wird, aufgezeigt. Liest man diese Geschichte, scheint es fast so, als sei es Bestimmung gewesen, dass diese beiden Lebewesen den Weg zueinander finden.

Erhältlich beim Cadmos Verlag GmbH: 160 Seiten / broschiert, ISBN 978-38404-1066-6

Josepha Guillaume
PROBLEMLOS GEBISSLOS

Dieses Buch wird Ihnen ein wertvoller Ratgeber für Ihren Weg des gebisslosen Reitens sein. Ein Augenmerk der Autorin liegt darin dem Leser einen generellen Überblick über gebisslose Zäumungen und deren Funktionsweise zu geben. Der Hauptteil des Buches allerdings befasst sich mit dem Thema des gebisslosen Reitens. Hierbei wird unter anderem auch auf viele Vorurteile gegenüber dem gebisslosen Reiten eingegangen, welche fachkundig erläutert werden. Einzelne Lektionen werden unter Berücksichtigung der Biomechanik des Reitens und der klassischen Reitlehre ausführlich erläutert, wobei die Vorteile des gebisslosen Reitens deutlich dargelegt werden.

96 Seiten / broschiert | 978-38404-1511-1
Auch als E-Book erhältlich

Sylvia Czarnecki
IT'S SHOWTIME

144 Seiten / broschiert
ISBN 978-38404-1013-0
Auch als E-Book erhältlich

Zirkuslektionen sehen nicht nur gut aus, sie fördern auch das Vertrauen zwischen Pferd und Mensch, tragen zur Gymnastizierung bei und bringen Abwechslung ins Training. Das Besondere an diesem Buch: Die Autorin vertritt kein festes Ausbildungssystem, sondern beschreibt auf der Grundlage des Lernverhaltens des Pferdes sowie aus jahrelanger praktischer Erfahrung pferdegerechte Wege zur Erarbeitung von Kompliment, Liegen, Sitzen und Co.

Katharina Möller
BASIS–GUIDE FÜR FEINE HILFEN

128 Seiten / broschiert
ISBN 978-3-8404-1033-8
Auch als E-Book erhältlich

Ein Pferd mit feinsten Hilfen reiten zu können ist wohl das Ziel vieler Reiter. In diesem Buch wird die Basis hierfür erläutert. Moderne Lernpsychologie und Klassische Reitkunst ergänzen sich hierbei hervorragend. Neben der Frage wie ein Jungpferd von Anfang an auf feinste Hilfen reagiert, wird auch die Auffrischung von feiner Kommunikation mit bereits abgestumpften Pferden geklärt. Die Belohnung ist ein freudig mitarbeitendes Pferd.

Karen Rohlf
DRESSAGE NATURALLY

208 Seiten / Klappenbroschur + DVD
ISBN 978-3-8404-1025-3
Auch als E-Book erhältlich

Karen Rohlf verknüpft die Prinzipien der klassischen Reitkunst mit denen des Natural-Horsemanship. Ihre Ziele sind die vollkommene Harmonie und die Würdigung von Schönheit und Kraft unserer Pferde. In ihrem Buch beschreibt sie, wie Dressurreiten ganz ohne Zwang gelingt – Schritt für Schritt und immer im Hinblick auf das mentale, emotionale und physische Wohlbefinden des Pferdes.

Corinna Ertl
FREESTYLE HORSE AGILITY

80 Seiten / Klappenbroschur
ISBN 978 3-8404-1506-7
Auch als E-Book erhältlich

Gemeinsam einen Hindernisparcours überwinden verbessert die Kommunikation zwischen Mensch und Pferd und stärkt das Vertrauen. Beim Freestyle Horse Agility bilden Mensch und Pferd ein Team, das gemeinsam einen Parcours überwindet. Eine tolle neue Beschäftigungsmöglichkeit für alle, die frischen Wind in den Alltag mit ihrem Pferd bringen möchten!

CADMOS www.cadmos.de

Cadmos Verlag GmbH | Röntgenstraße 24 | D-21493 Schwarzenbek | Tel. +49 (0)4151/87907-0 | Fax +49 (0)4151/87907-12